禪學入門

An Introduction to Zen Buddhism

鈴木大拙
Daisetz Suzuki

InSpirit 30

禪學入門

An Introduction to Zen Buddhism

作　　者　鈴木大拙
譯　　者　駱香潔

社　　長　張瑩瑩
總 編 輯　蔡麗真
主　　編　徐子涵
專業校對　魏秋綢
行銷經理　林麗紅
行銷企畫　李映柔
封面設計　萬勝安
內頁排版　洪素貞

出　　版　自由之丘文創事業
發　　行　遠足文化事業股份有限公司 (讀書共和國出版集團)
地址：231 新北市新店區民權路 108-2 號 9 樓
電話：（02）2218-1417　傳真：（02）8667-1065
電子信箱：service@bookrep.com.tw
網址：www.bookrep.com.tw
郵撥帳號：19504465 遠足文化事業股份有限公司
客服專線：0800-221-029
法律顧問　華洋法律事務所 蘇文生律師
印　　製　博客斯彩藝有限公司
初　　版　2024 年 9 月

ISBN　9786269857227 (紙本)
9786269857234(PDF)
9786269857241 (EPUB)

國家圖書館出版品預行編目（CIP）資料

禪學入門 : 何謂禪、發現禪、領悟禪, 「世界禪者」鈴木大拙最具影響力經典代表作 / 鈴木大拙著 ; 駱香潔譯 . -- 初版 . -- 新北市 : 自由之丘文創事業出版 : 遠足文化事業股份有限公司發行, 2024.09
面 ;　公分 . -- (InSpirit ; 30)
譯自 : An introduction to Zen Buddhism
ISBN 978-626-98572-2-7(平裝)

1.CST: 禪宗 2.CST: 佛教哲學 3.CST: 修身 4.CST: 生活指導

226.65　　113012165

野人文化官方網頁　野人文化讀者回函

禪學入門

線上讀者回函專用 QR CODE，你的寶貴意見，將是我們進步的最大動力。

目錄

作者序

本書收錄的文章最初是為《新東方》雜誌（New East）撰寫，這本刊物發行於第一次世界大戰期間的日本，總編輯是羅伯森．史考特先生（Robertson Scott）。他曾建議將這些文章集結成冊，但當時我沒有這個想法。後來於一九二七年出版的《禪論文集》（Zen Essays）第一卷亦參考了這些文章，因此本書內容與之自然有所重複。

近來我想，這些舊的文章集結成冊、重新出版或許也很好。想對禪學有些初步認識的人，常覺得《禪論文集》太過艱澀。對某些外國朋友來說，應該也不是好讀易懂的入門書吧？

於是我把手稿完整看過一遍，訂正了錯誤的用語和內容。有幾處我覺得修改一下也不錯，但後來沒有改，因為牽一髮動全身，改了這些地方就得全部改寫。既然不會造成誤解，這些地方就保留原貌了。

如果這本書能發揮禪學入門的作用，引領讀者對我的其他作品產生興趣，就達成付梓出版的目的了。書中所談，並非以學術角度處理禪學主題。

另外也建議讀者搭配姊妹作《禪學手冊》（Manual of Zen Buddhism）一起閱讀。

鎌倉，一九三四年八月

鈴木大拙

前言

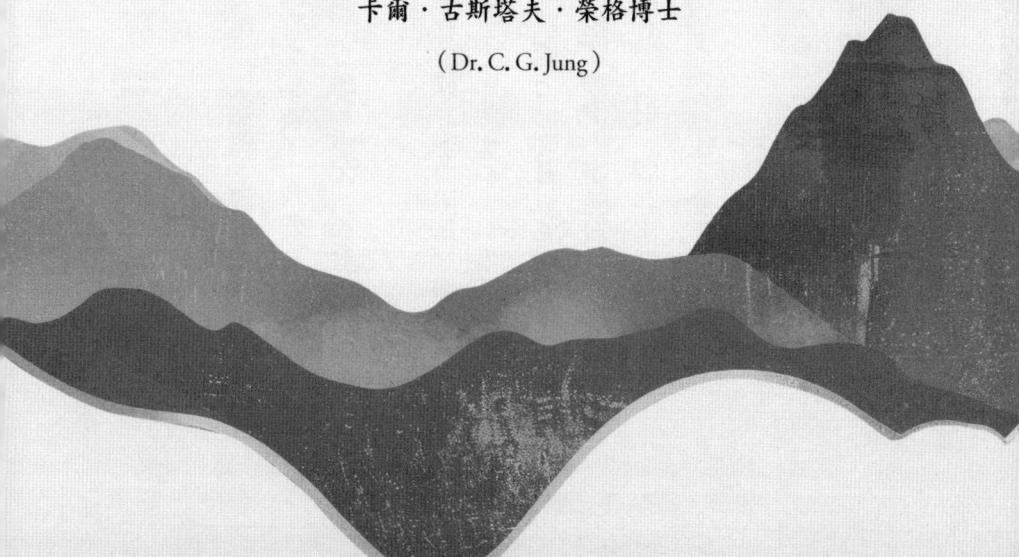

卡爾·古斯塔夫·榮格博士

（Dr. C. G. Jung）

難解的「悟」

鈴木大拙的禪學文章為近幾十年來的佛教知識做出重要貢獻。禪學本身是以巴利三藏（Pali-Canon）為根長出來的大樹上最重要的那顆果實。[1]我們對作者鈴木大拙禪師充滿感恩，因為他縮短了禪學與西方思想的距離，也因為他實現這個目標的方式。

東方宗教觀經常與西方大相逕庭，光是翻譯詞彙就會碰到重重阻礙，遑論傳遞概念上的意涵，有些時候不如不要翻譯。比如中文裡的「道」，至今仍無合適的歐語翻譯。佛教原典本身包含的觀點與想法，是一般西方思想難以領略的。例如，我不知道需要怎樣的靈性背景（也許是氣候？）或相關準備，才能徹底理解佛教說的「業」。無論我們對禪的本質有多少了解，都必須面對一個非常奇特的核心觀念。這個奇特的觀念叫作「悟」，或許可譯為英語的 enlightenment（啟蒙、教化）。

鈴木大拙說：「悟是禪存在的理由，沒有悟，禪就不是禪。」對西方人來說，要理解神祕主義的 enlightenment 與宗教詞彙中的 enlightenment 應該都不難。然而「悟」描述的 enlightenment 在藝術與方法上，都是歐洲人幾乎無法體會的。本書第一四〇頁提到百丈懷海（七四八—八一四）的開悟以及第一四二—一四三頁的傳奇故事，就是很好的例子。

再舉一例：有個僧人曾跑去找玄沙禪師，請教他通往真理的道路在哪裡。玄沙問他：「你有聽見溪水的呢喃嗎？」僧人說：「聽見了。」禪師說：「從這裡入。」

我想這幾個例子應能清楚展示「悟」有多麼晦澀難解。例子舉得再多，關於「悟」如何出現、「悟」包含的內容仍是一團迷霧；也就是說，我們不知道一個人如何開悟，也不知道他悟到了什麼。忽滑谷快天是東京曹洞宗大學的教授[2]，他在描述開悟的時候說道：

「擺脫對於自性的錯誤觀念後，我們必將喚醒純淨而神聖的內在智慧，也就

---

1 正如東方的作者自己承認的，禪宗的起源是佛陀的「拈花微笑」。在那個場合，佛陀在一群學生面前舉起一朵花，一言不發。只有迦葉理解了他。（Schuej Ohasama: Zen Der Lebendige Buddhismus in Japan, 1925, p.3.）

2 見其著作：The Religion of the Samurai, 1913, p.133

是禪師口中的佛心、菩提、般若。它是神聖的光，是內在的天堂，是道德寶庫的鑰匙，是影響與力量的源頭，是寬容、正義、同情、公平之愛、人性與慈悲的座位，是萬事萬物的度量。當這份內在智慧完全覺醒，我們就能明白眾生的靈性、本質、天性其實都與普世之愛或佛毫無二致；明白眾生都與佛正面相對，浸淫在世尊豐沛的慈悲裡；明白佛喚起眾生的道德本性，打開靈性之眼；明白佛開啟眾生的新能力；明白佛為眾生安排使命；明白生命不是生老病死之海，也不是苦難的淚水河谷，而是神聖的佛剎、淨土，眾生可以在這裡得到涅槃妙樂。

於是我們的心徹底改頭換貌。不再因憤怒和仇恨而痛苦，不再因嫉妒和野心而含怨，不再因哀傷和悔恨而悲痛，不再因憂鬱和絕望而頹喪。」

這是一個身為禪弟子的東方人所描述的「悟」。我們必須承認若要將這段文字放入任何基督教神祕主義的靈修書籍，幾乎不太需要修改。但是，這段文字用一網打盡的決疑論手法（casuistry）描述「悟」，無法幫助我們了解「悟」的體驗。忽滑谷快天講這段話的對象應是西方理性主義，他本身對理性主義頗有研究，所以他的描述聽起來才會如此平鋪直敘、啟迪人心。禪宗公案儘管晦澀深奧，但也比專為法國王太子編纂的拉丁文典籍（ad usum Delphini）更好讀；公案篇幅更短，但寓意更深。

西方的「哲學」與東方的「禪」

禪與西方定義的「哲學」完全不同。[3]這是神學家魯道夫・奧托（Rudolf Otto）在為大峽秀榮的禪學著作寫前言時提出的意見，他認為忽滑谷快天將這種神奇的東方思想帶進西方的哲學範疇裡，結果兩者反而受到混淆。如果用最僵化的身心平行論（psycho-physical parallelism）來解釋這種非二元性（Nichtzweiheit）、一體性與對立統一（coincidentia oppositorium）的神祕直覺，就完全無法進入公案、喝與悟的世界。[4]最好先讓自己深深沉浸在禪學公案的朦朧曖昧裡，並且時時記住「悟」是不可言傳的奧祕（mysterium ineffabile），而這正是禪師心中所願。這麼說

3「禪不是心理學，也不是哲學。」

4 Otto in Ohasama: Zen, p.viii

5 儘管我接下來將嘗試提供「解釋」，但我仍清楚知道想要把「悟」說清楚，我的嘗試可能只是徒勞。但我無法抗拒想要嘗試的心情，至少試著將西方思想左移右挪到可以理解禪的程度——這是一項艱鉅任務，過程中，我們甚至不得不主動違背禪的精神。

好了，公案小故事與神祕的開悟之間有一道鴻溝，我們最多只能指出跨越鴻溝的可能性，實際上卻永遠跨越不了。[5]我們感覺自己觸碰到真實的祕密，不是想像出來的祕密，也不是虛假的祕密。這不是那種讓人百思不得其解的祕密，而是言語難以描述的體驗。「悟」的到來總是出乎意料，不可預期。

基督教的三位一體、聖母瑪利亞、基督受難、主保聖人等異象都是神的賜予，在我們的印象中這件事差不多就是這樣，理所當然。因此德國哲學家雅各·波墨（Jacob Boehme）在錫盤反射的陽光裡看見靈性本質（centrum naturae），也算是合理的經驗。我們比較難接受的是德國神學家艾克哈特大師（Master Eckehart）看見的「裸體男孩」異象[6]，或甚至是瑞典神學家史威登堡（Swedenborg）看見一名「紅袍男子」告誡他不要吃太多，儘管如此又或許正因如此，他認為這名男子正是上帝。[7]這些事件不是那麼容易接受，因為怪異到近乎荒謬。但是，有很多開悟經驗不只怪異到近乎荒謬，而且還真的非常荒謬。

無論是誰，只要曾經懷抱著愛與理解長期研究遠東信仰如花朵般的本質，就會發現令過於單純的歐洲人困惑連連的這些奇事消失了。禪確實是華夏信仰綻放的、最美的花朵之一[8]，受到浩瀚的佛教思想世界滋養孕育。因此，真正試圖理解佛教思想的人——也就是摒棄各種西方偏見的人——即使理解程度有限，也可以在因人而異的開悟經驗底下探究到某個深度；他們也會感受到那些西方哲學與宗教迄今刻意視而不見的艱難阻礙。哲學家關注的思考與日常生活無關，基督徒一碰到異教就劃清界線（「主啊，感謝你沒有讓我變成異教徒」）。這些西方領域裡沒有「悟」——那是東方人的東西。真的是這樣嗎？西方不存在「開悟」嗎？

仔細研究禪學典籍一定會給你留下這樣的印象：雖然很難解釋，但其實「悟」是一種自然而然的事，非常單純[9]，以至於讓人只見樹、不見林，而且在試圖解釋「悟」的過程中，一定會說出使人陷入巨大困惑的答案。因此忽滑谷快天才會說[10]，任何想要說明或分析禪宗開悟的嘗試，一定會無功而返。不過他仍

6 See Texte aus der deutschen Mystik des 14 und 15, Jahrhunderts, published by Adolf Spamer, 1912, p.143.

7 William White: Emanuel Swedenborg, 1867, Vol. I, p.243.

8「禪無疑是最珍貴的精神恩賜之一，也是在許多方面最為卓越的精神恩賜之一，這是東方人所蒙受的祝福。」（Suzuki: Essays, I, p.249）

9 一位禪師說：「在一個人習禪之前，見山是山，見水是水。但經過好的禪師指點並窺見禪的真理後，見山不是山，見水不是水；然而，當他得到修歇處（也就是開悟），見山還是山，見水還是水。」（Suzuki: Essays, I, p.12）

10 Religion of the Samurai, p.123.

大膽描述了開悟，說它包含對自性本質的洞察，將意識從自我的虛幻概念裡釋放出來。[11]自性本質的幻覺，其實是常見的錯把自我（ego）當成自性（self）。忽滑谷快天藉由「自性」領悟了佛性，也就是全體意識（Bewusstseinstotalität）。他引用盤山禪師的話說：「心月孤圓，光吞萬象。」然後補充說道：「這既是宇宙的生命和宇宙的精神，也是個體的生命與個體的精神。」[12]

「自性」與「自我」

無論一個人如何定義自性，它和自我完全是兩回事。對自我有更高層次的理解，是發展自性的前提；而自性則是涵蓋範圍更廣的東西，自我包含其中，所以自我位在自性的大傘之下。自我是對自性的某種了解，同理，自性也是對自我的一種了解；但自性的體驗不再是更廣或更高的自我，而是以非我（non-ego, Nicht-Ich）的形式。

《德意志神學》（Deutsche Theologie）[13]的作者對這種想法也很熟悉：「想要意識到這種完美境界的任何生物，都必須先捨棄受造性（creaturelikeness）、生物性

（Geschopfesart）、某物性（Etwasheit）與自性。覺得自己擁有良善，其實是一種妄念：我妄想這份良善屬於我，或妄想我是良善的，這是不完美和愚蠢的徵兆。如果我意識到真理，我也會意識到我並不良善，良善既不屬於我，也不是我的特質。」「他們說，『我是可憐的笨蛋，我妄想我就是良善，但我發現無論是現在還是過去，其實良善的是神』。」

關於開悟，以上已說了相當多。開悟被詮釋和描述為：受限於自我形態的意識得到突破，成為無我的自性。這種詮釋呼應禪的本質，也呼應艾克哈特大師的神祕主義。[14]他曾在布道時對「神貧的人是有福的」做了這樣的詮釋：「我從上帝裡走出來時，萬事萬物都說：『那是上帝！』但這無法使我幸福，因為這句話讓我認為自己是受造物。可是在突破的過程中[15]，當我希望在上帝的意志裡保持

11 「開悟包括對自我本質的洞察。它把心從對於自我的欺騙中解放出來。」
12 L. c. p. 132.
13 Das Büchlein vom vollkommenen Leben. Published by H. Buttner, 1907.
14 Meister Eckehart’ s Schriften und Predigten. Published by H. Buttner, 1912.
15 禪宗也有類似的意象：請教禪師什麼是佛性時，禪師說：「桶底脱落。」（Suzuki: Essays in Zen Buddhism, I, p.217）。另一個比喻是「解卻布袋口。」（Suzuki: Essays in Zen Buddhism, II, p.100）

空無，上帝的意志與祂的造物在我心中是空無，上帝在我心中亦是空無——我超越所有的受造物，因為我既不是上帝，也不是受造物：我就是我，永不改變，現在如此，將來亦然！猛然一扯，我躍升到比天使更高的地方。我突然變得如此富足，連上帝也滿足不了我，儘管祂是偉大的上帝，儘管祂造就了神工；因為我在突破中感受到上帝與我並無不同。我是過去的我[16]，不增不減，因為我是不動的存在，卻能撼動萬事萬物。上帝不再是住在人的裡面，因為人藉神貧贏回了原本的自己和未來的自己。」

其實艾克哈特大師的這段話描述的正是開悟，透過自性放下自我，以達成「佛性」或神的普世性。出於科學的謙卑，我在此不敢提出形而上的主張，而是指出一種能被體驗的意識改變，因此我把開悟當成心理學問題來討論。

對不認同或不了解這種觀點的人來說，這個「解釋」只是沒有具體意義的空話。他們無法把這些抽象概念與事實連繫起來；也就是說，他們不明白桂花盛開的襲人香氣和被揪住的鼻子為什麼能使意識驟然改變。當然最簡單的作法是把這些小故事都當成有趣的童話，或至少一邊承認這些故事是真的，一邊把它們當成自欺欺人的例子。（這種情況也可以用「自我暗示」來描述，那頭靈性不足的倉庫裡的白象！）想要認真而負責地檢視這些奇特現象，就不能輕易忽略這些事實。我們當然無法確認一個人的「開悟」或「解脫」是真的，還是想像出來的。

驗證的標準並不存在。此外，我們都知道想像出來的痛苦往往比真正的痛苦更加強烈，因為它伴隨著暗中自責的憂傷所引發的道德折磨。因此重點不是開悟是不是「具體事實」，而是它對心靈來說是否為真；也就是一種被稱為「開悟」的心理事件。

每一種心靈現象都是搭配想像的畫面；若非如此，就不會有意識，也不會有事件的現象性。想像本身是一種心理事件，因此區分「開悟」是「真實」或「幻想」沒有意義。無論如何，已經開悟或自稱開悟的那個人都認為他已經開悟。對他來說，別人對這件事的看法影響不了他的個人感受。就算他在說謊，他的謊言也是精神上的事實。是的，就算所有的宗教敘述都是刻意的虛構和造假，我們還是可以寫一篇有趣的心理學論文來討論這些謊言，就像精神病學以科學的態度研

16 Cf. Suzuki: Essays in Zen Buddhism, pp.220, 241. 禪意味著窺見人類的原始本性，或者說是對原始人類的認識。

究妄想症一樣。幾百年來有許多傑出人士投身宗教運動，光是這一點就足以讓我們至少拿出嚴肅的心情，在科學的範疇裡嘗試理解這些事件。

轉向內在

我在前面提問西方有沒有類似開悟的東西。如果排除西方神祕主義者的言論，乍看之下，確實沒有可以比擬為開悟的東西。

依照我們的思維，意識根本不可能分階段發展。意識到物體的存在以及意識到「物體的意識」，兩者之間存在著巨大的心理差異；這種心理差異微妙到幾乎難以釐清。我們很難要求自己認真思考這樣的問題，進而解釋處理這種問題時的心理狀況。

提出諸如此類的問題，通常不是源於理智上的需求，幾乎都是來自原始的宗教練習。例如印度的瑜伽和中國的佛教都提供了動力，使覺得自己處於不完整意識狀態的人想要掙脫意識的束縛。至於西方神祕主義的書籍，大多教導人類可以也必須掙脫自識的「自我性」（Ichhaftigkeit），透過了解自己的存在，人類可以超越自我性，觸碰到內在（神性）的那個自己。

中世紀神祕學家雷斯博克（Ruysbroeck）用了一個印度哲學家也熟知的意象，那就是一棵根在上、枝葉在下的樹[17]，「他必須爬上這棵逆向生長的信仰之樹，因為它的根在神性裡。[18]」雷斯博克還說，如同瑜伽，「人應該是自由的、沒有意象的，掙脫所有執念，心中沒有受造者。[19]」「慾望和痛苦，利益和損失，升起與墜落，對他人的擔憂，喜樂與恐懼，這些都影響不了他；他也不會依附於任何受造物。[20]」這就是存在的「整體性」（uniry）所包含的意思，也意味著「轉向內在」。也就是「心思轉向內在，專注於內心，進而感受和理解上帝的內在作為與內在言語。[21]」

17 「那裡有一棵古老的樹，它的根向上生長，它的枝條向下垂落……它被稱為梵天，唯有它是永恆不朽的」（Katha-Upanishad, II Adhyaya, 6 Valli, 1.）我們無法假設這位出生於1273年的法蘭德斯神祕主義者是從任何印度經典中借用了這個樹的意象。

18 John of Ruysbroeck: The Adornment of the Spiritual Marriage. Transl. from the Flemish by C.A. Wynschek Dom, 1916, p.47

19 Op. cit. p.51

20 Op. cit. p.57

21 Op. cit. p.62

這種經由宗教練習產生的新意識狀態之所以獨特，是因為外在事物再也影響不了類似自我的意識並帶來相應的執念，一個空無的意識迎接新的影響到來。這個「新的」影響感覺起來不再像是自身的活動，而是一個以意識為目標的、非我的作用。[22]自我的主體角色彷彿被另一個主體推翻或接管，這個主體取代了自我。[23]這是著名的宗教經驗問題，聖保羅也曾加以闡述（Gal. ii, 20）。無疑地，這裡描述的是一種新的意識狀態，透過深遠的宗教蛻變過程與過往的意識狀態漸行漸遠。

超越感知

或許有人會提出反駁，說意識本身並沒有改變，改變的是對某件事的意識，就像看書時翻過一頁，同樣的一雙眼睛看見不同的畫面。我認為這種看法恐怕只是武斷的詮釋，因為它與事實不符。其實書本裡描繪的不僅是不一樣的畫面或物體，而是蛻變的經驗，通常來自最激烈的震撼（convulsions）。新的畫面消除並取代舊的畫面是日常現象，沒有蛻變經驗的特徵。不是看見不一樣的東西，而是用不同的方式去看。彷彿「看」這個空間行為被新的維度改變。

當禪師問：「你聽見溪水的呢喃嗎？」他指的顯然是與一般「聽覺」八竿子打不著的事情。[24]意識也和感知一樣，感知受限於種種條件和限制，意識也是。例如，人類的意識會隨著不同的階段改變，有時窄、有時寬，有時膚淺、有時深刻。但這些程度上的差異通常是性格上的差異，因為它們完全取決於人格發展的情況——也就是取決於感知主體的本質。

理智對感知主體的情況沒有興趣，因為後者只進行邏輯思考。出於必要，理智忙著消化意識的內容，也忙著思考消化的方式。想要強迫自己超越理智、突破感知，就需要哲學方面的熱情。但這種熱情與宗教動機幾乎毫無二致，因此這個問題屬於宗教的蛻變過程，用理智難以理解。

理解蛻變過程無疑是古代哲學的主要作用，現代哲學漸漸不再這麼做。叔本

22「無我離見垢，願佛與宣說。」（引述自楞伽經。Suzuki: Essays in Zen Buddhism, I. p.76）

23 一位禪師說：「明心見性……即是佛。」(Suzuki: Essays in Zen Buddhism, I. p.76)

24 鈴木大拙說這種蛻變是：「捨棄過去的沉思形態……『清心』或『明珠』帶來新的美好。」（Essays in Zen Buddhism, I, p.235）

華（Schopenhauer）應可歸類為古代哲學。但尼采的《查拉圖斯特拉如是說》不是哲學，而是一個吞噬了理智的、劇烈的蛻變過程。這不再是思考上的問題，而是從最高的意義上去討論產生想法的思考者——整本書的每一頁都是如此。一個全新的人、一個徹底蛻變的人登場，他衝破老舊的殼，不僅看到新的天地，還是新天地的創造者。西勒修斯（Angelus Silesius）的表達方式比查拉圖斯特拉更謙遜一些：

我的身體是蛋殼，永恆的靈魂將從裡面孵出一隻雞。[25]

「開悟」在西方

在基督宗教的領域裡，可對應於開悟的是宗教蛻變經驗。不過此類經驗的程度與種類繁多，因此我們得多花點力氣找出最接近禪宗經驗的類別。答案無疑是神祕主義經驗，兩者的相似之處在於「釋放自己」（sich lassen），「消除所有意象」和其他類似的束縛；這與奠基於神聖意象的練習與想像的宗教經驗形成對比，例如聖依納爵（St. Ignatius）的神操。我認為信仰與禱告帶來的蛻變以及新教徒的群體經驗（communal experience）都屬於後面這一類，因為有一個明確的前提發揮了關鍵作用，而且絕對不是「空」或「釋放」。「上帝是虛無」這句話是後一種狀態的寫照，原則上與激情的沉思不相容，與信仰和群體經驗也不相容。

因此，想用西方經驗來和開悟做類比，只能依靠少數基督宗教神祕主義者了，他們藉由悖論提出的陳述近乎異端，或真的就是異端。正是這種特質，使得艾克哈特大師受到教會譴責。如果將佛教比擬為西方的「教會」，禪宗運動肯定是難以承受之重。因為禪宗的方法極度個人化[26]，而且許多禪師摒棄偶像崇拜。[27]

禪宗做為一種運動，經過幾個世紀形成了集體修行架構，如同鈴木大拙在《禪堂生活》[28]裡的描述，但是就形式與內容而言，禪宗只注重外在。若不看習慣的類型，心靈的鍛鍊或塑造似乎是透過公案來進行。公案是禪師提出矛盾的問

25 Mein Leib ist ein Schal, in dem ein Küchlein Vom Geist der Ewigkeit will ausgebrütet sein.

26 「悟是最私密的個人經驗。」（Suzuki: Essays in Zen Buddhism, I, p.247）

27 有位禪師對弟子說：「我沒什麼可教你的……永遠不會屬於你。」（Suzuki: Essays in Zen Buddhism, II, p.69）有位僧人對禪師說：「我尋佛……你正騎乘其上。」（Suzuki: Essays in Zen Buddhism, II, p.59）

28 Suzuki: The Training of the Zen Buddhist Monk. Kyoto, 1934

題、陳述或行為。根據鈴木大拙的說明，公案似乎是禪師提出的問題以軼聞的形式代代相傳。老師拿公案考學生，做為禪修冥想的材料。有個無門關的公案相當經典。一位僧人問禪師：「狗子有沒有佛性？」禪師說：「無。」鈴木大拙認為，這個「無」單純意味著「無」，顯然就算讓狗自己來回答，牠也會說出這個答案。

摧毀理性思維是開悟之道

乍看之下，提出這種問題做為思考的材料，似乎是對結果已有預期或偏見，思考的內容早已決定，不同於耶穌會的神操和瑜伽的冥想，他們思考的內容都取決於老師交派的任務。但是，公案的內容五花八門、語焉不詳，而且互相矛盾、左右拉扯，就連專家也無法斷定出適當的解答。此外，思考公案的經驗描述非常模糊，以至於我們察覺不到公案與經驗之間存在著任何明確的理性關係。

由於證明不了邏輯上的連續性，因此我們只能假定公案練習不會對開悟的自由造成任何阻礙，而且練習的最終結果取決於習禪者的個人特質。公案練習的主要目的是摧毀理性思維，創造一種幾乎沒有預設前提的意識狀態。有意識的前提被盡可能排除在外，但無意識的前提仍在；這指的是未被察覺的既存心理特質，不是空無，也不是沒有前提。這是天性驅使的因素，當它回答問題時——顯然就是開悟——是本性直接向意識傳達回應。[29]學生的無意識本性對老師或公案做出回應，就是明顯的開悟。至少在我看來，這個觀點或多或少正確表達出開悟的本質。「見性」、「本來面目」與深刻的存在都是禪師最注重的事[30]，也為這個觀點提供了支持。

禪宗與其他哲學性和宗教性的冥想練習不一樣，因為禪宗的原則是不預設前提（Voraussetzung）。佛陀本身被習禪者嚴格摒除；事實上，他近乎褻瀆般遭到無視，雖然（或因為）他可能是修行者最重要的精神前提。但佛陀也是一種意象，所以必須放下。除了真正存在的東西之外，一切都要拋下；也就是說，人類都帶

29 鈴木大拙（Essays in Zen Buddhism, II, p.46）說：「……禪的意識……窺見無意識。」

30 禪宗的第四個心要是「見性成佛」（Suzuki: Essays in Zen Buddhism, I, p.7）。有個僧人向惠能求道，惠能說：「你出生前的本來面目是什麼？」（Ibid. 210）有一本日本禪學作品說：「想要尋覓佛，先看見自己的本性，你的本性就是佛。」（Ibid. 219）。開悟經驗使禪師看見「本來面目」（Ibid. 241）。惠能說：「不思善，不思惡，此時此刻，看看你存在以前的本來面目。」（Ibid. II, p.28）

著完整的、無意識的前提，正因為它是無意識的，所以人類永遠擺脫不了這個前提。看似來自虛無的答案，從最深沉的黑暗裡閃耀的光芒，這些一直都是美好且幸福的啟發體驗。

感知、意識、無意識

意識的世界必然充滿限制，處處都有高牆。出於需要，這世界一直是片面的，這是意識的本質。意識能同時容納的觀念非常少。其他的觀念僅能藏在陰影裡，躲在視線範圍之外。加進愈多內容，意識就愈模糊；事實上不只模糊，還會混亂到意識不清。從本質上來說，嚴格限制觀念的數量不僅僅是出於需要，可以說這樣的限制就是意識本身，唯有如此才能明確清晰。至於一般的日常生活，我們只依賴專注來處理相對快速的連續畫面。

問題是，專注是很費力的，我們沒辦法永久保持專注。也因此我們不得不用最低限度的同步感知與連續畫面來勉力維持專注。結果造成寬廣的感知範圍遭到消滅，意識被限縮成最狹隘的小圈圈。個人意識可以瞬間處理它能想像到的同步畫面，這種情況實在難以想像。人類能夠同步感知的清晰事實很少很少，如果我們已根據這些事實成功建構出世界的結構，想像一下能夠同步清晰感知大量事實的話，人類的眼睛會看到怎樣的神聖景象？這個問題僅涉及我們感知得到的範圍。如果加上無意識的內容——也就是尚未或不再能夠被意識到的內容——然後試著想像一幅完整的景象，只能說，就連最大膽的幻想也做不到。

之所以想像不出，當然是因為在意識的層面上，這件事是做不到的。但是對無意識來說，這是一個事實，因為在意識底下蠢蠢欲動的一切是永遠存在的、概念上的可能性。

無意識是藏在意識底下的所有心理因素，意識難以窺見。它是潛在本質的「完整展示」。性情完全由無意識建構，意識只是三不五時從裡面取出一些碎片。如果盡量清空意識的內容，後者會陷入一種無意識狀態（至少暫時如此）。這種清空意識是禪修的標準作法，習禪者抽空意識內容裡的能量，再把能量轉移到空性的概念上，或是轉移到公案上。

空性與公案必定是安穩不變的，所以連續畫面也被打破，留下維持意識動態的能量。這些能量轉向無意識，並將無意識的自然供應增強到最大值。無意識內容因此更有可能衝破限制，進入意識裡。清空與關閉意識不是一件容易的事，需要特別的訓練和漫長的時間[31]才能產生那麼大的張力，讓無意識的內容突破進入意識。

突破的內容絕非完全雜亂隨機的。如同精神疾病，意識內容與闖進意識裡的妄想和錯亂念頭之間，存在著獨特的關係。正常人的夢境與意識之間，也存在著同樣的關係。本質上，這種關聯是一種補償[32]關係[33]：無意識的內容使最廣義的「完整」不可或缺[34]的一切浮出水面，此處指的是意識方向的完整。如果無意識提供或被迫提供的碎片成功融入意識生活，將會出現一種精神存在，它更符合整體人格，因而消除了意識與無意識人格之間徒勞的衝突。現代精神治療以此原則為基礎，所以能夠擺脫「無意識裡僅有幼稚與道德低劣內容」的歷史偏見。

當然無意識裡肯定有比較低劣的角落，一個裝滿骯髒祕密的倉庫，但這些祕密也不算是無意識，更像是被藏起來後漸漸淡忘。但這與無意識的內容沒有關係，就像蛀牙與人格整體無關。無意識是母體，孕育出形而上觀念、神話、哲學（在不全然批評的情況下），以及奠基於心理學前提的各種生命形式。

無意識每一次闖入意識，都是對意識的某個狀態做出回應，而這個回應來自完整的思想可能性；亦即來自完整的性情，如前面解釋過的潛在的心理事件同步畫面。分裂成單一、片面、碎片化的性情，符合意識的本質。性情的回應始終帶有完整性的特徵，因為它符合尚未被任何分別心的意識[35]分裂的本性。所以它擁有巨大的影響力。它是意料之外、無所不包、照亮一切的答案，因為意識已經把自己逼入絕望的死巷[36]，這個答案更像是啟蒙與啟發。

於是經過多年的艱苦修行，費盡千辛萬苦打破理性思維，習禪者終於從自然本身得到答案——唯一的答案——理解了和「悟」有關的一切。顯然大部分的禪宗小故事，都流露出這個答案的「自然性」（Naturhaftigkeit）。是的，我們可以欣

---

31 在中國開創禪宗的菩提達摩說：「……這些人的努力終將徒勞無功。」（Suzuki: Essays in Zen Buddhism, I, p.176）

32 可能性高於純粹互補。

33 關於這點，我必須請讀者參考醫學心理學文獻。

34 這裡的「不可或缺」是尚待驗證的假設。大家對這個假設可能有也一定有非常不同的看法。例如，宗教觀念是「不可或缺」的嗎？唯有個人的生命歷程才能解答，也就是個人經驗。抽象條件在此並不適用。

35 「生出分別心時，萬物變出多重樣貌；沒有分別心，才能看見事物的真實狀態。」（Suzuki: Essays in Zen Buddhism, I, p.88）

36 請見此段的開頭：「心如虛空……」（Suzuki: Essays in Zen Buddhism, I, p.209）

然接受在這些小故事裡，開悟的弟子為何希望禪師能用狠揍一頓做為獎賞。弟子問狗有沒有佛性時，禪師說的「無」裡蘊含多少智慧！但我們必須考慮到，有許多人分辨不出俏皮話和胡說八道，有更多人深信自己是聰明人，甚至覺得自己這輩子遇到的人都是笨蛋。

禪宗在西方遭遇的困難

儘管禪宗對於理解宗教蛻變的過程極具價值，但西方人應用禪宗的可能性微乎其微。西方缺乏禪宗不可或缺的精神觀念。誰有辦法全然信任一位了不起的禪師和他難以理解的教導方式？對人格更尊貴的人類心懷敬意，這種事僅存在於東方。誰敢說自己對無法估計的、弔詭的蛻變經驗深信不疑，甚至願意為了追求這個目標耗費年華？最後，誰敢承擔起異端蛻變經驗的權威身分？若是個不可相信的人，例如因為疾病原因而喜歡自吹自擂，這樣的人沒有理由缺乏追隨者。但是，如果「大師」指派了艱難的任務，而且不能用鸚鵡學舌交差了事，歐洲人會心生懷疑，因為他們認為自我發展是一條崎嶇的路，如同地獄般悲慘陰暗。

我毫不懷疑西方也有開悟經驗，因為有些西方人能夠察覺終極目標，並且不惜一切努力達成。但是他們保持沉默，不僅是因為害羞，也因為他們知道就算試圖將這些經歷告訴別人，也只會徒勞無功。我們的文化中沒有任何接近這種追求的東西，就連監管宗教資產的教會也沒有。事實上，教會的職責是反對諸如此類的極端經驗，因為它們只能是異端邪說。我們的文化裡唯一能夠部分理解（也只能部分理解）這些追求的就是精神治療了。因此，這篇前言由一位精神治療師來寫絕非偶然。

禪宗與精神治療

基本上，精神治療是醫生與病人之間的一種辯證關係。是兩個精神個體之間的對話，智慧在這場對話裡僅僅是工具。精神治療的目標是蛻變；這種蛻變並非是預定的，而是不可確定的，唯一的判斷標準是自我性的消失。醫生再怎麼努力，都無法強迫這種經驗的發生。他最多只能幫病人把路鋪得平順一點，讓病人在追求關鍵經驗時少一些阻礙。

知識在西方的精神治療中扮演重要角色，如同佛教的傳統精神對禪宗來說很重要。禪宗與禪修方式只可能存在於佛教的心靈文化裡，這是它的前提。因為不涉及理智，所以摧毀不了理智。禪師並不是無知和缺乏文化的產物。因此，先透過治療產生有意識的自我與有意識的後天觀念，再思考如何消除自我性或理性主義，這在西方也不算罕見的作法。此外，禪僧都是願意為了真理犧牲的人，而精神治療處理的人與禪僧大相逕庭，通常都是最冥頑不靈的歐洲人。因此，精神治療的任務可說是形形色色，過程很漫長，各個階段碰到的阻礙也遠遠超過禪修。

除了這些原因之外還有許多原因，使得禪宗直接傳播到西方環境既不適當也不可能。然而，認真關心治療目標的精神治療師看到東方的心靈「療癒」方法所追求的最終結果後——也就是「變得完整」——不可能無動於衷。眾所周知，東方最具冒險精神的智者認真鑽研這個問題已超過兩千年，發展出來的方法和哲學思想簡直讓西方世界的類似嘗試都相形失色。我們的嘗試（除了少數例外）都止步於巫術（祕教，包括基督宗教）或理性思維（從畢達哥拉斯到叔本華等哲學家）。只有歌德的《浮士德》和尼采的《查拉圖斯特拉如是說》等靈魂悲劇的出現，西半球的整體經驗（Ganzheitserlebnis）才算初現曙光。[37]

我們直到今天仍不知道，這些最有希望的歐洲思想產物到底意義何在，因為我們既存希臘精神的物質性和顯著性[38]覆蓋了它們。雖然我們的理智已將猛禽從高處看見小老鼠的能力發揮到近乎完美，但猛禽依舊逃不出地球重力的範圍，如果牠停止尋找獵物，但至少用一隻眼睛尋找內在的追尋者，「諸行」（Samskaras）會將牠睏在一個混亂的圖像世界裡。理智陷入難產般困境，被未知的恐懼和危險包圍，被迷惑人心的海市蜃樓和迷宮威脅。這位冒險者最悲慘的下場是，在他稱之為自己的時代裡陷入寂靜如深淵的孤獨。

誰了解「曠世巨作」背後的深層動機呢？例如歌德的《浮士德》，或是「酒神經驗」（Dionysus Experience）的震顫。想要知道西方「解脫之道」裡的折磨與不幸有沒有類似的東方版本，我們必須讀一讀《西藏度亡經》（Bardo Thödröl），而且是如我所建議的那樣倒過來讀[39]。這才是重點——不是什麼善意、聰明的模仿

37 在此我必須提及英格蘭的神祕主義者威廉．布萊克（William Blake）。請參考Milton O. Percival的著作William Blake’s Circle of Destiny. Columbia University Press, 1938

38 希臘人的天才意味著意識闖入了世界的物質性，世界因此失去原本的夢幻性。

39 W. Y. Evans-Wentz: Das Tibetanische Totenbuch. Rascher, Zurich, 1934

或智性上的雜耍。

擺脫了草率、短視與武斷的精神治療師，看見這些模仿或大小碎片背後的真相。如果他是準生物學信條的奴隸，總是想把觀察到的現象簡化為熟悉的日常事物，再以理性主義概括論之，只有滿足喜歡幻覺的人。然而，在所有幻覺之中，能夠為人類帶來滿足感的幻覺才是最厲害的幻覺。我們可承受的事物背後與所有的進步面前，都有這樣的幻覺。它是最難克服的障礙之一。精神治療師若是可以在幫助他人之餘花點時間反省，或是因緣際會被迫看穿幻覺，他說不定會發現理性主義的簡化在碰到有生命、有變化的事物時是多麼的空虛和扁平。如果他繼續深思，很快就會明白「打開每個人只知埋頭經過的門」是什麼意思。

「禪學」是矯正「短視」的眼鏡

我的以上所述，絕對不是在提供任何推薦或建議。但是在西方開始討論禪宗的此際，我認為我有責任告訴歐洲人通往開悟的「漫漫長路」該往哪兒走，以及這條只有少數偉人走過的路上充滿哪些困難——或許就像高山上的信號燈，照亮朦朧的未來。千萬別以為在高度不夠的地方能遇見「悟」或「三昧」，這是嚴重錯誤。因為付出比整體更廉價或更少的代價，無法獲得完整的經驗。只要簡單想一想意識只是心靈的一部分，它本來就無法達到心靈上的完整，就能理解這件事的心理學意義：因為必須有浩瀚的無意識才算完整。無意識既不能用巧妙的公式算出來，也不能用科學定律將其排除，因為它與類似命運的東西緊緊相繫——有時候，無意識本身就是命運，《浮士德》和《查拉圖斯特拉如是說》都曾清楚展示這一點。想要達到完整，就需要整體的參與。少一分就做不到；所以條件放寬、替代品、妥協讓步都不可行。

歐洲人對《浮士德》和《查拉圖斯特拉如是說》讚譽有加，但其實對這兩本書的內容都不甚了解。朦朧的靈魂世界對有文化的歐洲大眾來說仍屬新知，我們無法期待他們有能力充分理解陷入混亂的個性化過程（individuation process）的人會有怎樣的心靈狀態；我將「個性化過程」定義為「成為整體」（Ganzwerdung）。有人拿病理學詞彙安慰自己，例如「精神官能症」和「精神病」，悄悄談論著「有創意的奧秘」——但是，不是詩人的人能有什麼創意呢？最後這種誤解在當代造成的結果，是有不少人以「藝術家」自居。彷彿「藝術」與「能力」完全無關！如果你沒什麼可「創造」的，或許你可以創造自己。

禪宗展現了「成為整體」對東方世界有何意義。對費解的禪宗產生興趣或許能使膽怯的歐洲人挺直脊梁，又或是為短視的他們提供一副眼鏡，讓身處「陰暗牆角」的他們也能一窺迄今籠罩在迷霧裡的靈性經驗。這絕對不是一件壞事，因為「自我暗示」的有益觀念能有效地保護那些恐懼的人，使他們不至於進一步墮落，也不會受到重大事件的影響。不過我要提醒認真且心有戚戚焉的讀者，不要低估了東方思想的心靈深度，也不要低估禪宗的價值。[40]面對東方的思想寶藏，熱衷使用字面意義的態度反而是比較小的妨礙，因為禪宗幸運地沒有印度教那些深奧難懂的詞彙。禪宗也不賣弄哈達瑜伽那樣複雜的練習[41]，那些練習會讓相信生理學的歐洲人產生錯誤期待，以為透過坐姿與呼吸就能提升心靈。恰恰相反，禪宗強調智慧與意志力，如同所有渴望實現的偉大事業。

40 「禪宗不是一種消遣，而是最嚴肅的生命任務。腦袋空空的人可不敢接近它。」（Suzuki: Essays in Zen Buddhism, I, p.16）

41 禪師說：「追求佛性……永遠無法悟道。」（Suzuki: Essays in Zen Buddhism, I, p.222）

第一章

緒言

禪宗的起源

佛教隨著時間發展演進，出現一種不同於所謂原始佛教或原型佛教的形式——由於兩者差異甚鉅，我們可以根據歷史將這兩種形式合理區分為小乘佛教（Hinayana）和大乘佛教（Mahayana）。大乘佛教雖然樣貌多元，其實只是佛教的其中一種形式，可追溯至古印度時期創立佛教的偉大佛陀釋迦摩尼。後來大乘佛教先傳入中國，再傳至日本，在這兩個國家繼續開枝散葉。這項成就無疑要歸功於中國和日本的佛教領袖，他們知道如何將佛法應用於不斷改變的生活情況，滿足大眾的宗教需求。而他們的闡述與實踐進一步加深了大乘佛教[1]與原始佛教之間的差異。時至今日，大乘佛教至少在表面上已看不見原始佛教的顯著特色。

因此有人說，從常人所理解的原始佛教看來，大乘佛教其實不算佛教。不過，我認為有生命的東西都是有機體，而有機體本來就不會維持相同的存在狀態。一顆橡實，或甚至剛剛長出嫩葉的橡樹苗，都與一棵莊嚴巨大、高聳入雲的成熟橡樹截然不同。但是在改變的各個階段裡，生長的延續性與明確的身分特徵始終不變，一眼就能看出這是經歷不同生長階段的同一株植物。所謂的原始佛教就是種子，發芽後誕生遠東佛教，而且它將持續生長。學者討論歷史上的佛教，但除了從歷史發展的角度討論佛教，我也想聊聊時至今日佛教在遠東仍是重要的心靈力量泉源。

佛教有許多發展成熟的教派，尤其是在中國和日本。在眾多教派之中，有個教派自成一格，主張直接由佛陀傳授佛教的精髓與精神，而不是透過任何祕典或神祕儀式。這個教派是佛教最重要的教派之一，不僅是因為它在歷史上的重要性與精神上的生命力，也是因為它的論證方式最具創意也最能啟發人心。學者稱之為「佛心宗」（buddhahridaya），但更常見的名字是「禪宗」（Zen）。禪宗和禪定（Dhyana）是不一樣的東西，只是梵語的中文譯名都用了「禪」這個字，後面會

1 正確說來，是佛教的般若經系闡釋了大乘佛教的基本觀念，最早出現於佛陀滅度後的三百年之間。所謂的原始佛教的經文裡，肯定早已埋下大乘佛教的種子。這些種子的萌芽生長，亦即有意識地被理解為佛陀教義的基本精神，必須經過佛陀追隨者在各種生活情境中身體力行才有可能實現。在經驗中逐漸豐富，在反思中逐漸成熟，大乘佛教在印度佛教徒的實踐裡成為不同於原始佛教的形式。印度有兩個著名的大乘教派：中觀派（Madhyamika）與唯識派（Vijnaptimatra，亦稱瑜伽行派〔Yogacara〕），前者以龍樹（Nagarjuna）為首，後者以無著（Asanga）和世親（Vasubandhu）為首。中國發展出更多大乘教派：天台宗、華嚴宗、淨土宗、禪宗等等。日本除了上述教派之外，還有法華宗、真言宗、淨土真宗、臨濟宗等等。這些宗派或教派都屬於大乘佛教。

有說明。

禪宗的特別之處

古往今來的宗教裡，禪宗在許多方面都是獨樹一幟。從理論看來，禪宗教義或許可說是思辨的神祕主義（speculative mysticism），但是就禪宗呈現與論證教義的方式而言，唯有經過長期修行並且對禪宗已有深刻理解的習禪者才能領略其中的奧義。尚未獲得這種洞見的人，亦即尚未在日常生活裡體驗過禪（禪法，也就是禪宗的表達）的人，會覺得禪宗很古怪、很陌生，甚至令人困惑。他們大致是從概念的角度去看待禪宗，認為禪宗荒謬可笑或是故弄玄虛，為了隔絕外界批評擺出高深莫測的姿態。但是習禪者認為，看似矛盾的陳述並非刻意用晦澀難懂的簾幕遮蔽自己，而是因為人類的語言不足以表達最深刻的禪宗真諦。禪宗真諦無法藉由邏輯闡述，必須在靈魂深處體會之後才能理解。事實上，禪宗表達的是最直接了當的人類經驗。「煤炭是黑色的」——非常平鋪直敘；但禪宗提出反駁：「煤炭不是黑色的」。一樣很直白，若深究這件事的真實本質，後面這句比前面的肯定句更加清楚明瞭。

禪宗認為，個人的親身感受最重要。沒有親身感受過，就無法真正理解。這是老生常談。小嬰兒沒有思想，因為他們的大腦還沒發育到能以思考的方式去感受世界。即使他們真的有思想，也必定是極為模糊、與現實不相符的思想。想要用最清楚、最有效率的方式了解一件事，就必須親身去經歷，尤其是與生命本身有關的事，親身經歷是絕對必要的。沒有親身經歷過一件事，就不可能準確而有效率地理解這件事的深刻涵義。

所有的觀念，都是建立在簡單樸實的經驗之上，這種基礎經驗正是禪宗最重視的事，禪宗文獻「語錄」裡的話語和概念都建立在這個架構上。雖然這個架構是探尋內在現實最有用的工具，但它依然是人類精心創造出來的產物。若誤將其視為最終的現實，可就大錯特錯了。人類的理解力本就要我們不可過度相信表象。故弄玄虛絕非禪宗的本意，但是對那些不曾接觸過生命核心的人來說，禪宗看起來確實很詭祕。只要看穿表象，想像中的詭祕就會立刻消散，有一種茅塞頓開的感覺，這種感覺叫做「悟」[2]。

禪修的練習

因此禪宗向來最為注重的，是內在的靈性經驗。經文以及有學問的智者對經文的講解，在禪宗看來都不重要。個人的親身感受重要性不亞於權威和客觀的開示，而習禪者認為達到開悟最實際有用的方法是禪定，也就是坐禪[3]。

在此必須約略說明禪修的系統化練習，習禪者經由這種練習獲得心靈上的洞見，也就是前面提過的基礎經驗。這是禪宗與神祕主義其他形式之間的主要差異。對大部分相信神祕主義的人來說，這種靈性經驗是非常個人的，是可遇不可求的單獨個案，總是出現得突如其來。基督徒藉由祈禱、苦行或所謂的默觀做為追求靈性經驗的方法，但能否實現端賴神的恩典。佛教則認為這種事不會由超自然力量決定，因此禪宗的心靈修行是透過躬行實踐，且自有一套系統。

禪宗發跡於中國時已呈現這樣的明顯趨勢，正規系統隨著時間逐漸成形，到如今禪宗已有完整的練習方法幫助習禪者實現目標。這正是禪修的實際好處。禪宗一方面是高度思辯的，但另一方面，紀律嚴謹是最有成效與益處的品德鍛鍊。禪宗的表達與行住坐臥緊緊相繫，我們偶爾會忘記禪宗也有高度抽象的一面；但這正是我們必須體會的、禪宗的珍貴之處，因為禪宗在日常生活的大小事裡找到難以言喻的深刻思想，無論是簡單地伸出一根手指，還是在街上和偶遇的朋友道聲早安。在禪宗的眼裡，愈實際的愈深奧，反之亦然。禪修使用的練習系統完全源自這種基礎經驗。

我在前面說過禪宗屬於神祕主義。這是無可避免的，因為禪宗是東方文化的基調；正因如此，西方人經常參不透東方思想的奧妙，因為神祕主義無法用邏輯去分析，這是神祕主義的本質，而邏輯偏偏是西方思想的主要特徵。東方的理性思維是兼容並蓄的，不太注重特定細節的解釋，更注重宏觀的完整領悟，而這樣的領悟來自直覺。若所謂的東方思想真的存在，它肯定是模稜兩可的，也沒有能讓外人對內容一目了然的索引。一切就在我們眼前，想不看見都不行；但是當我們伸出手想要牢牢抓住它、將它裡裡外外研究透澈時，它會逃得無影無蹤。禪宗就是如此難以捉摸，令人惱怒。當然，這不是東方思想刻意或蓄意使出詭計來逃

2 見後文。

3 坐禪可粗略解釋為「靜坐冥想」。確切的含意請參考後面關於「禪堂」的描述。

避他人的審視。可以說，這種高深莫測存在於東方思想的結構裡。因此想要了解東方，就必須了解神祕主義，也就是了解禪宗。

禪學並不只是神祕主義

不過我們也必須記住，神祕主義的形式五花八門：理性與非理性，思辨與超自然，邏輯與幻想。我說東方思想屬於神祕主義，意思不是東方思想屬於幻想、非理性，完全無法進入智性理解的範圍。我指的是在東方思想的運作裡，有一種安穩、寧靜、沉默、不動如山的東西，它彷彿一直凝視著永恆。但這種寧靜與沉默不是單純的怠惰和休止。沉默不是荒蕪的沙漠，也不是長眠不醒、漸漸腐爛的屍體。這裡的沉默是「萬古深淵」的沉默，所有的對立與條件都深埋於此。這是神的沉默，祂用全副心神默觀自己過去、現在和未來的作品，冷靜地坐在萬法歸一的王座上。這「雷鳴般的沉默」出現在兩道電流碰撞時發出的閃光與巨響裡。

這種沉默已滲入東方的萬事萬物。將其視為頹廢和死亡的人可要小心，因為這種萬古沉默迸發出來的生命力浩瀚豐沛，會令他們難以招架。我說東方文化屬於神祕主義，指的是這個意思。我也可以肯定地說，這種神祕主義之所以形成，禪宗是主要的影響。若佛教要在遠東開枝散葉，滿足眾人的心靈渴求，禪宗是必然的發展方向。印度人也信奉神祕主義，但他們的神祕主義偏向思辨、沉思，而且太過複雜，與具體細節建構的現實世界之間毫無實質的、重要的關聯，而我們都生活在現實世界裡。相反地，遠東神祕主義直接了當、合乎實際，並且出奇地簡單明瞭。禪宗於焉誕生是必然的結果。

禪學在亞洲各國產生的演變

中國與日本的其他佛教派別，都保留了非常明顯的印度特色。例如形而上的複雜觀念，冗長纏繞的措辭，極度抽象的論據，對萬物本質的深刻洞察，對生命相關主題的完整詮釋，這些都是顯著的印度特色，並非源自中國或日本。熟悉遠東佛教的人看一眼就知道。例如真言宗的儀式極其複雜，他們用來解釋宇宙的「曼荼羅」系統（Mandala）也很繁瑣。無論是中國還是日本，若不是受到印度思想的影響，絕對無法建構一張如此錯綜複雜的哲學思想網。再看看高度思辨的中觀派、天台宗、華嚴宗（梵語是 Avatamsaka 或 Gandayuha），它們的抽象性與邏輯性委實令人驚嘆。這些事實告訴我們，遠東佛教的各個教派說穿了都是舶來品。

大致了解佛教之後再來討論禪宗，我們不得不承認禪宗非常單純、直接、務實、貼近日常生活，這些都與其他教派形成強烈對比。禪宗的主要觀念無疑源自佛教，我們也必須將其視為佛教的合理發展結果。但之所以會有這樣的發展，是為了滿足遠東地區特有的心理需求。在此佛教的精神已擺脫形而上的表象，成為生活中實踐的修行。這就是禪宗。我大膽地說，我們可以透過禪宗來認識系統化（也可說是具體化）的遠東哲學、宗教與生活，尤其是日本。

第二章

禪是什麼？

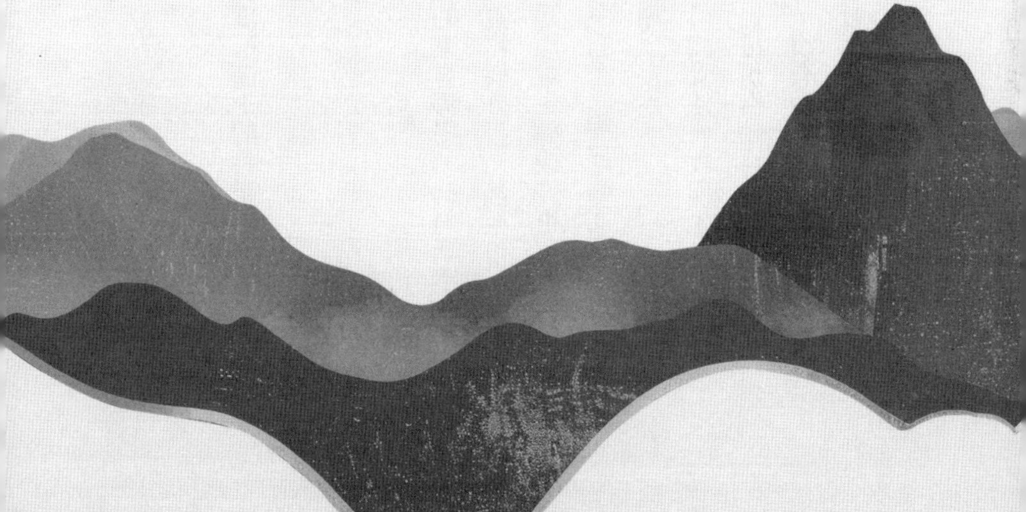

在我繼續解釋禪學之前，讓我先回答批評者經常針對禪宗本質提出的幾個問題。

如同大部分的佛教思想，禪宗也是充滿智性且極度形而上的哲學體系嗎？

亂七八糟的禪

我在前面說過，我們可以透過禪宗來認識具體化的東方哲學，這句話不應被解讀為禪是符合一般定義的哲學。禪顯然不是奠基於邏輯與分析。甚至可以說，禪和邏輯站在對立面。我這裡所說的邏輯，指的是二元思維。禪或許也有智性的成分，因為禪涵蓋心智的方方面面，無所不包；但心智不是零碎的元素拼湊而成，可以拆解成各種心智能力，拆解完畢就什麼也不剩。

禪教導我們的方式不是智性分析，也不強迫習禪者接受任何教義。從這一點來說，禪是有點亂七八糟。習禪者也許會遵循教義，但這是自動自發的，也是為了自身的好處，不是出於禪的要求。所以禪沒有聖典，沒有教條，也沒有什麼象徵性的準則能讓人快速領悟禪理。如果有人問我，禪教我們的是什麼，我會說：

禪什麼也沒教。無論禪傳遞怎樣的觀念，這些觀念都是個人的心裡長出來的。是我們自己教導自己，禪只是指明方向。指路不等於教導，所以禪沒有刻意制定基本教義或哲學思想。

禪自稱是佛教，其實佛經與聖典裡提出的思想，在禪看來無異於廢紙，只能用來擦去蒙智的灰塵，沒有其他作用。但是，可別因為這樣就以為禪是虛無主義。虛無主義有自我毀滅的特質，終將走向虛無。負面否定也是一種方法，但正面肯定才是至高的真理。當我們說禪是哲理、禪拒教條式的權威、禪摒棄所謂的神聖典籍時，別忘了否定歸否定，禪仍秉持相當正面、永遠肯定的東西。隨著討論的逐漸深入，這一點將愈來愈清晰。

禪是宗教嗎？

禪是宗教嗎？禪不是大眾熟知的那種宗教，因為禪不敬拜神明，沒有儀式典禮，也不講死後何去何從。最重要的是，禪沒有需要靠別人照顧的靈魂，而靈魂不滅是許多人極度關心的事。禪沒有這些教條和「宗教」的羈絆。

看到我說禪不敬拜神明，虔誠的讀者或許會大吃一驚，但這句話的意思不是禪否定神的存在。禪既不否定，也不肯定。當一件事遭到否定時，「否定」本身也包含不被否定的東西。「肯定」也一樣。這是邏輯上的必然。禪想要超越邏輯，想要找到一個不含對立面的、更超脫的「肯定」。因此，禪既不否定神，也不堅持信神。禪沒有猶太教和基督教觀念裡的上帝。如同禪不是一種哲理，禪也不是一種宗教。

至於在禪寺裡看到的各種佛陀、菩薩、提婆天眾的雕像，其實它們就和木頭、石頭、金屬一樣，也和我庭院裡的山茶花、杜鵑花、石燈一樣。禪說，何不膜拜山茶花。膜拜山茶花的宗教意味不亞於膜拜佛教諸神、灑聖水、領聖餐。大部分所謂的虔誠信徒視為功德或神聖的宗教行為，在禪的眼裡都是人造物。禪大膽宣稱：「清淨行者不入涅槃，破戒比丘不入地獄。」對凡夫俗子來說，這句話與道德常規互相矛盾，其實它一語道破禪宗真諦與生命。禪是人類的心靈。禪相信人類的內在是清淨純良的。無論被強加了什麼，或是被奪走了什麼，都會損壞心靈的完整性。因此，禪特別反對宗教規範。

不過禪的反宗教僅是表象。離經叛道的論調其實富含宗教精神，連有虔誠信仰的人也會大呼吃驚。但是說禪像基督教或伊斯蘭教一樣都是宗教，這也是不對的。舉個例子來說明會更清楚。據說釋迦摩尼才一出生，就一手指天、一手指地，說「天上天下，唯我獨尊！」雲門宗的創宗祖師文偃禪師說：「我當時若見，一棒子打與狗子吃。」哪個不信佛的人會想要如此口出狂言評論一位心靈導師？有位雲門宗的禪師說：「文偃禪師為世人不惜奉獻一切，包括他自己的身心！他是多麼感佩佛恩！」

禪不只是打坐冥想

禪不應與其他形式的冥想打坐混為一談，例如「新思考」運動（New Thought）、基督科學教會（Christian Scientists）、印度的遁世者與某些佛教宗派等等。在禪的認知裡，「禪定」不等於禪修。一個人可能會一邊禪修，一邊深思宗教或哲學，但是這純屬湊巧，與禪宗精髓完全無關。修心是禪的目的，讓心照見自己的本性，使其成為自己的主宰。進入心或靈魂的真實本質，是禪的基本目標。因此，禪不僅只是一般意義上的冥想與禪定。禪修的重點在於打開心眼，了解存在的根本緣由。

冥想時必須將心念集中於一處，例如神的一體性（oneness）、神無限的愛，或是世事的無常。但這恰好是禪要盡量避免的。禪認為獲得自由才是重中之重。這裡的自由指的是掙脫一切非自然的羈絆。冥想是刻意的行為，不是大腦天生就會做的事。天上飛的鳥會冥想嗎？水裡游的魚會冥想嗎？鳥專心飛翔，魚專心游水。這樣還不夠嗎？誰想專注思考神人合一或生命的虛無？誰會希望展現生命本質的日常活動，因為冥想神之善或永恆煉獄而停滯不前？

我們可以說基督宗教是一神論，吠陀宗教是泛神論，但是類似這樣斬釘截鐵的分類無法用在禪身上。禪不是一神論，也不是泛神論，禪無法用這樣的名字來定義。禪沒有能讓人專注思考的對象。禪是空中飄盪的一朵雲。沒有被螺絲固定，也沒有被繩子綁住，它隨意飄流。再怎麼用力冥想也不可能把禪留在固定的地方。冥想不是禪。泛神論和一神論都沒有為禪提供專注思考的主題。如果禪是一神論，它會要求習禪者深思萬物實為一體，在聖光耀眼的光芒籠罩之下，萬物的差異和不平等都被抹除。如果禪是泛神論，它會告訴我們即使是田野裡最平凡的一朵花，也反映出神的榮耀。然而，禪說的是「萬法歸一，一歸何處？」禪追求的是心靈自由無礙，所以「歸一」或「全體」的念頭是絆腳石也是陷阱，對心原有的自由造成威脅。

無以名狀的禪

禪並不要求我們專注思考狗也是神，或是三磅重的亞麻也有神性。禪若這麼做就會進入明確的哲學體系，那麼禪就不是禪了。禪只是單純感受火焰的溫暖與冰雪的寒冷，因為下雪時冷得發抖的我們會生火取暖。如同浮士德所說，感覺最重要；理論再多也與現實無關。這裡的「感覺」必須從最深層的意義或最純粹的形式來理解。開口說「就是這種感覺」的那一刻，禪就隨之消失。禪是無法概念化的。正因如此，禪難以捉摸。

若要禪對冥想提出建議，那肯定是接受事物的本來面目，接受雪是白色，烏鴉是黑色。談到冥想，我們通常指的是它抽象的一面；也就是冥想等於專心一意思考非常概括性的命題，例如萬事萬物的本質，與生活中的具體事物不一定有關。禪要感知與感受，不是概括和冥想。禪是洞察，然後漸漸沉浸其中。冥想完全是二元思維，所以必然是膚淺的。

西方視角下的禪

有批評者[1]說禪宗是「佛教版的聖依納爵・羅耀拉的『神操』（Spiritual Exercises）」。這位批評者很喜歡舉基督宗教的例子來類比佛教，這是其中一例。凡是對禪稍有了解的人，都能一眼看出這樣的類比有多離譜。即便只看表面，禪的練習與創辦耶穌會的羅耀拉提出的靈修建議之間也是毫無相似之處。在禪的觀點看來，羅耀拉的默觀和祈禱都是想像出來的人造物，是為了方便虔誠信徒的精心設計；實際上，這種作法猶如在頭頂上堆疊瓦片，對精神生活沒有真正的益處。不過，羅耀拉的「神操」在某些方面與小乘佛教的冥想練習相似，例如「五停心觀[2]」、「不淨觀[3]」、「六念法」或「十念法」[4]。

還有人說禪是「殺心及空洞遐想的真言」。這是著名的《日本宗教》（Religions of Japan）作者格里菲斯（Williams Elliot Griffs）的說法[5]。我不知道他所說的「殺心」是什麼意思，是不是禪藉由專心一意或促眠來達到心如止水？萊蕭爾

（August Karl Reischauer）在他的著作[6]裡也甚是贊同格里菲斯的觀點，他說禪是「神祕的自我陶醉」。他的意思是禪沉醉於「大我」，如同史賓諾沙（Baruch de Spinoza）沉醉於上帝？萊蕭爾並未說明「陶醉」的定義，或許他認為禪過度專注於「大我」的思想，認定大我是這個殊相世界裡最後的真實。看到判斷能力欠佳的人對禪提出膚淺的觀察心得，我很驚訝！其實禪無「心」可殺，自然不會有「殺心」。禪也沒有「我」，自然不會有「我」可供沉醉。

其實表面上看來，禪極其難以捉摸。在你以為你對禪稍有了解時，它已失去蹤影；遠遠望去，禪似乎很容易接近，可是一旦靠近，卻發現它比之前更加遙遠。因此，除非你能花費數年認真鑽研禪的基本原則，否則不要期待自己能對禪

---

1 Arthur Lloyd: Wheat Among the Tares, p.53.
2 Five Mind-quieting Methods
3 Nine Thoughts on Impurity
4 Six or Ten Subjects of Memory
5 Arthur Lloyd: Wheat Among the Tares, p.255.
6 Studies of Buddhism in Japan, p.118.

宗有一定的掌握。

雨果（Hugo）說：「先往下進入自我，才能朝上帝的方向緩緩升高。」聖維克多的理查（Richard of St. Victor）說：「想深入了解上帝，就先探尋自己的心靈深處。」深度尋找，你會發現「自我」根本不存在。往下探尋，你會發現沒有「心靈」，也沒有可以深入了解的「上帝」。為什麼？因為禪是無底深淵。禪說的就是這件事，只是措辭不同：「三界無法，何處求心？四大本空，佛依何住？璿璣不動，寂止無痕。覿面相呈，更無餘事！」猶豫片刻，禪就消失得無影無蹤。三世諸佛或許會要你再次捕捉它，但它已遠在千里之外。「殺心」和「自我陶醉」，別鬧了！禪沒空煩惱這些批評。

批評者想說的或許是：心被禪催眠了，進入一種無意識狀態；然後，就能實現佛教最愛講的「空」（sunyata），也就是主體意識不到客觀世界或意識不到自己，迷失在浩瀚的虛空裡，無論這虛空到底是什麼。禪確實也使用相同的詞彙，讓人以為可以用同樣的方式詮釋，但若要了解禪，我們得跳脫傳統思維。我們必須跨越「浩瀚的虛無」。如果主體不想被活埋，就必須從無意識的狀態裡甦醒過來。唯有拋棄「自我陶醉」，這個「醉鬼」才能清醒過來，看見更深層的自我。

如果心真的要被「殺」了，剩下的就交給宗吧。因為禪能修復被殺掉的、猶如槁木死灰的心，使它進入永生狀態。禪會說：「重生吧，從夢裡醒來吧，從死裡復活吧，你們這些醉鬼！」所以不要蒙著眼睛去看禪；你的手不夠穩，掌握不住它。別忘了，我說話很直接，不喜歡拐彎抹角。

禪是源自內心的力量

如果有必要，我還有很多類似的批評可以舉例，但我希望以上的例子已能幫讀者做好充分準備，進入接下來關於禪的正面評論。禪的基本觀念是接觸存在的內部運作，而且是用最直接的方式，不借助外部添加的力量。因此，禪抗拒任何類似外在權威的東西。絕對的信念存在於人類的內心深處。禪如果真有什麼權威，也都是源於內在。以最嚴格的意義來說，這就是禪。連邏輯推理的能力也不是最重要或絕對的。恰恰相反，這種能力會妨礙心用最直接的方式與它自己溝通。智性的任務是扮演媒介，禪只有在想要讓別人了解禪的時候才需要智性的參與。正因如此，所有的經文典籍都是嘗試性和暫時性的；它們不是最後的決定。

禪的目標是理解生命本身的真相，而且要以最直接、最有生命力的方式。禪自稱是佛教的精神，但其實禪是所有宗教與哲理的精神所在。把禪了解透澈之後，人會獲得全然的心靈平靜，活出應有的生命。能達到這樣的境界，夫復何求？

神秘、明亮又平淡無奇

有人說禪毫無疑問屬於神祕主義，不能自稱是宗教史上的獨特存在。就算他們說得沒錯，禪依然是獨樹一幟的神祕主義。它的神祕在於陽光普照，在於花朵綻放，在於此時此刻我聽見街上傳來打鼓的聲音。若這些都屬於神祕主義，禪確實充滿多到數不清的神祕事件。曾有人問一位禪師如何是道，他回答說：「平常心是道。」這還不夠平凡、不夠簡單嗎？禪與任何宗派的精神無關。基督徒與佛教徒都能禪修，就像大魚和小魚都能在同一片海洋裡悠然自得。禪是海洋，禪是空氣，禪是山，禪是雷電、春花、暑熱、冬雪。不，不只如此。禪是人類。雖然在悠長的歷史中，禪累積了許多形式、慣例、附加的內容，但是禪的真諦並未消亡。禪的殊妙在於：我們依然可以不受任何偏見影響去領會這個基本事實。

如前所述，心靈的系統化練習是日本禪宗的獨特之處。一般的神祕主義太過飄忽，與日常生活非常脫節。禪宗徹底改變這一點。禪宗把虛無縹緲的東西變得平易近人。禪宗隨著時間慢慢發展，神祕主義漸漸不再神祕；它不再是天賦異稟之人的突發奇想。因為禪宗存在於市井小民最平淡無奇的生活裡，體認生命當下的本來面目。禪以有系統的方式，訓練心明白這一點；禪使人看見時時刻刻都在發生的偉大奧秘；禪讓心變大，讓心的每一次跳動都能接納時間的永恆與空間的無限；禪讓我們活在這世上，猶如置身伊甸園；這些心靈上的成就無須借助任何教義，只要用最直接的方式堅守內心深處的真理就行了。

禪或許還有其他樣貌，但無論如何，禪都是務實、平凡以及最貼近生活的。古代有位禪師在解釋禪是什麼的時候伸出一根手指，另一位禪師出腿踢球，還有一位禪師直接甩提問者一巴掌。如果這些作法都能闡明內心深處的真理，禪難道不是古往今來所有宗教之中，最務實也最直接的靈修方法嗎？這種務實的方法，不也是最新穎的嗎？禪確實需要新意與創意，因為禪處理的不是概念，而是活生生的事實。從概念上來說，伸出手指是日常生活裡最不值一提的小事。但是在禪看來，這根手指與神聖的意義和創造的生命力產生共鳴。只要禪能在我們被觀念束縛的傳統存在裡指出這個真理，我們就必須承認禪是有價值的存在。

我要引述圜悟禪師（1566-1642）信裡的一段話，這段話或許在某種程度上能回答本章一開頭的問題：「禪是什麼？」

「它呈現在你面前的同時，也完完整整交付給你。若是聰明人，一個字就足以說服他相信真理，但儘管如此，錯誤早已悄悄到來。更糟的是，紙墨書寫、冗長論證或邏輯詭辯，都會讓真理離你愈來愈遠。禪的偉大真理人皆有之。審視你的存在，不要往別人身上索求。你的心勝過所有形式，心是自由的、安靜的、充足的，心永遠烙印在你的六根和四大上。心的光芒吸收了一切。放下主客二元思維，忘掉它們，超脫智性，超脫詮釋，直接深入感受即是佛心，這是唯一的辦法。因此達摩從西土前來時，只說『直指人心，教外別行，單傳正印，不立文字語句』。禪與文字、語句、經文無關。它只要求你直接領會，並找到你的寧靜居所。心受到擾亂時，思緒隨之鼓動，眼中辨認外物，心中雜念紛生，鬼魂作祟，偏見氾濫。禪將永遠陷入迷津。

「智者石霜曾說：『休去歇去，直教唇皮上醭生去，一條白練去，一念萬年去，冷湫湫地去，古廟裡香爐去。』

「單純地相信，並用這種方式練習。讓身心變成沒有生命的自然物體，如土木，如石塊。達到完全靜止、無知無覺的狀態，生命的跡象完全停止，所有限制也將完全消失。沒有任何想法能擾亂你的意識。看啊！你驟然感受到充滿喜悅的光，就像在黑暗裡突然看到一盞燈，貧窮的人突然得到寶物。四大五蘊不再是負擔，你很輕盈、很自由。你的存在已從各種限制裡解脫，你變得開放、輕盈、透明。你獲得敏銳的洞察力，能看見事物的本質。在你眼中，它們是精靈般的花朵，伸手無法抓住。在這裡顯現的是純樸的自我，是你存在的本來面目。你出生之地最美麗的風景，在此盡現。只有一條筆直的路，暢通無阻。這會發生在你捨棄一切之後——身體、生命、屬於內心深處的一切。你在這裡得到寧靜、自在、無為、難以形容的快樂。千經萬論都只是為了傳達這個事實。古往今來的聖賢窮盡聰明才智，發揮想像力，都只是為了指明這條路。就好像打開寶庫的門，門一旦敞開，你眼中所見全部屬於你，每一個出現在你面前的機會都隨你所用。因為所有的東西，無論數量與種類有多少，難道不是你最初的存在裡唾手可得的嗎？每一個寶物都等著為你提供快樂、任你使用。這就是所謂的『一得永得，盡未來際』。但其實無得而得，得亦非得，乃真得也。」

第三章

禪是虛無主義嗎？

惠能（638-713）是禪宗史上最重要的人物，世稱禪宗六祖。事實上當時漢傳佛教已有許多宗派，是惠能將禪宗發揚光大。以下這首偈語如實表達了他為禪宗樹立的標準：

菩提本無樹，明鏡亦非台。
本來無一物，何處惹塵埃？

他之所以寫這首偈語，是為了回應另一位禪師寫的偈語，這位禪師宣稱他已經領悟禪宗的清淨真義。他寫的偈語是：

身是菩提樹，心如明鏡台。
時時勤拂拭，勿使惹塵埃。

兩位禪師都是五祖弘忍（卒於西元六七五年）的弟子，弘忍認為惠能真正理解了禪宗奧義，便將衣缽傳給惠能。弘忍認可惠能所作的偈語，這使它成為正統禪宗信仰的代表作。由於這首偈語散發一種虛無的感覺，很多人因此認為禪宗提倡虛無主義。本章的目的就是為了反駁這種觀點。

性空

禪宗文獻裡確實有許多段落會被理解為虛無主義的教義。例如關於「空」[1]的理論。即使在對大乘佛教的教義非常熟悉的學者裡，也有人堅信禪宗是「三論宗」的實際應用，屬於中觀派。「三論」指的是龍樹的《中論》、《十二門論》與提婆的《百論》，建構了中觀派的基本教義。龍樹是公認的中觀派祖師，由於被歸類為般若經系的大乘佛教也闡釋類似的觀點，因此中觀派有時也被認為是般若思想。這些學者認為禪宗屬於中觀派，換句話說，禪宗的基本精神是一切性空。

在某種程度上，至少從表面上看來，這種觀點不無道理。請看看以下的例子：

弟子求教於禪師，說自己「來求佛法。」

1 關於「空」的理論，我曾撰文詳細介紹，請參考《般若經之哲學與宗教》裡的〈禪學論文〉第三卷（Essays in Zen Buddhism, Series III, under "The Philosophy and Religion of the Prajnaparamita-Sutra" (pp.207-88)）。

禪師說：「自家寶藏不顧，拋家散走作甚麼？我這裡一物也無，求甚麼佛法。」

有時禪師也會說：

「我不會禪，並無一法可示於人，故不勞汝久立，且自歇去。深潭月影，任意撮摩。」

或是：「菩提離言說，從來無得人。」

又或是：「我宗無語句，實無一法與人。道得也三十棒，道不得也三十棒。問即有過，不問猶乖。」

有人問：「云何是常不離佛？」禪師的回答是：「心無起滅，對境寂然，一切時中，畢竟空寂，即是常不離佛。」

有時我們也會看到這樣的開示：「無中間，亦無二邊，即中道也。外縛色聲，名為彼心，內起妄念，名為此心。心既無二邊，中亦何有哉。得如是者，即名中道。」

幾百年前，有位日本禪師每次碰到弟子問他如何超脫生死的束縛時，都會這樣告訴他們：「本來無生死。」

梁武帝曾向中國的禪宗初祖達摩請教佛教至高無上、最神聖的原則，達摩回答他：「廓然無聖。」

以上是從豐富的禪宗文獻裡隨機選取的對話，看似充斥著空（sunyata）、無（nasti）、寂靜（santi）、無念（acinta）和其他類似的概念，都很像虛無主義，也很像在提倡消極的寂靜主義（quietism）。

以下引用《般若波羅蜜多心經》[2]的這段話，或許比前面出現過的對話更令人驚訝。其實大乘般若經系的佛經都充滿空性思想，不熟悉這種思維的人可能會嚇一跳，不知該如何評斷。《心經》被視為般若經系裡最簡潔也最面面俱到的一部經文，禪寺每日誦讀；事實上，僧侶每天晨起與用齋之前都會誦讀《心經》。

「舍利子。是諸法空相。不生不滅。不垢不淨。不增不減。是故空中無色。無受想行識。無眼耳鼻舌身意。無色聲香味觸法……乃至無意識界。無無明。亦無無明盡……亦無老死盡。無苦集滅道。無智亦無得。以無所得故。菩提薩埵。

2 也可以參考前面石霜的故事，他這段話經常被誤解為公然提倡斷滅論。關於《心經》的原文、玄奘的中譯本以及文學性較高的準確英譯，請參考我的著作《禪論文集》第三卷（Zen Essays, Series III, pp.190-206），我以個人觀點詮釋《心經》這部重要經典。

依般若波羅蜜多故。心無罣礙。無罣礙故。無有恐怖。遠離顛倒夢想。究竟涅槃。」

否定是為參悟

看過以上引述的內容，或許大家會覺得禪宗被批評為提倡純粹否定主義並不冤枉，問題是，這種批評完全失真。因為理解生命的真諦是禪不變的目標，而這是智性的剖析永遠無法參透的。

為了參透生命的真諦，禪不得不祭出一連串的否定。但是，一味否定並非禪宗的精神，只是我們都太習慣二元思維，所以必須從根本上斬斷這種智性謬誤。禪當然會說：「這個不是禪，那個不是禪，全部都不是。」排除這些否定的答案之後，我們可以堅持提問禪到底是什麼，禪師說不定會趁這個機會賞你一巴掌，怒喝：「笨蛋，這是什麼？」或許有人認為這只是逃避窘境的藉口，或是證明這位禪師家教太差。但只要領悟了禪宗的清淨真義，就會明白這一巴掌有多麼真實。這不是否定，也不是肯定，只是一個單純的事實，一種純粹的體驗，是支撐我們存在與思想的基礎。心理狀態最活躍時渴望的寂靜虛空，都在這個基礎裡。不要被外物或傳統牽著鼻子走。禪必須用最直接的方式去體悟。

無明

禪被迫訴諸否定用法，因為我們與生俱來的無明（avidya）像濕衣服一樣頑強地黏在我們身上。「無明」[3]本身不是壞事，但它必須謹守界線。「無知」是邏輯二元思維的同義詞。雪是白色，烏鴉是黑色，但這些是屬於世界與其無明的說法。如果我們想要看見事物真實本質，就必須從世界被創造出來之前、分別心的意識尚未覺醒、心智仍沉浸於自身（意即寧靜虛無）時的角度去看待事物。這是充滿否定的世界，卻通往境界更高或更絕對的肯定——在否定裡找到肯定。雪不是白色，烏鴉不是黑色，但兩者都是非黑即白。這正是日常語言無法確切傳達禪理的原因。

3 這或許與古希臘哲學家赫拉克利特（Heraclitus）的「物極必反」（Enantiodromia）理論相呼應。

禪表面上否定，其實它一直指出早已在我們眼前的東西，如果我們自己視而不見，只能怪我們自己。多數人的心眼都被無明的烏雲障蔽，即使經過也視若無睹。他們認為禪是虛無主義，是因為他們根本沒有看見禪。曾有一次黃檗禪師（卒於西元八五〇年）在寺院禮佛，一個弟子問他：「不著佛求，不著法求，不著僧求。長老禮拜，當何所求？」

禪師答：「不著佛求，不著法求，不著僧求，常禮如是事。」

弟子不甚滿意地說：「用禮何為？」

禪師給他一記耳光，弟子說：「太粗生！」

禪師再給他一記耳光，喝道：「這裡是什麼所在，說粗說細。」

聰明的讀者應能發現黃檗禪師的態度看似粗暴，實則急於表達。表面上否定，但精神上肯定。若要真正理解禪，就必須先理解這一點。

禪修的終極目標

禪對正式禮佛的態度，或許用趙州禪師（七七八—八九七）的一個小故事來說明會更清楚。有個僧人正在虔誠禮佛，趙州禪師拿拄杖打他一下，僧人說：「禮佛也是好事。」禪師說：「好事不如無。」這種態度是否帶有虛無主義和打破偶像崇拜的味道？表面上，是的。但若是我們深思趙州禪師說這句話的用意，就能看出他表達了絕對的肯定，只是以我們的思辨理解力無法掌握。

日本近代禪宗大師白隱（一六八五—一七六八）年輕時一心向禪，曾拜見德高望重的正受老人。白隱自認參禪透澈，也對此感到相當自豪，其實這次拜見正受老人也是為了表現一下自己的真知灼見。正受老人問他對禪的領悟有多深，白隱不耐煩地說：「遇到能讓我學習的東西，我會傾盡全力。」說完，他做勢嘔吐。正受老人用力捏住白隱的鼻子說：「這又是什麼？我不是一伸手就碰到了嗎？」讀者可與白隱一起思考這段互動，想想正受老人到底想要示範什麼？

禪不是全然否定，讓心靈一片空白，猶如一片虛無；那無異於智性自殺。禪裡有種自我肯定，自由而絕對，無拘無束，也拒絕抽象的解釋。禪是有生命的實質存在，不像無機的岩石或空無一物的空間。與這個有生命的存在接觸——不對，應該是在每一個生命階段都掌握住它——是禪修的終極目標。

百丈禪師（七四九—八一四）曾問南泉禪師（七四八—八三四），有沒有不敢對他人言說的事情。南泉禪師說：「有。」

百丈禪師又問：「什麼是你不對人言說的事？」

南泉禪師說：「不是心，不是佛，不是物。」

這似乎是絕對虛空的思想，儘管如此，我們在這個例子裡再次窺見否定如何扮演揭示的角色。這段對話尚未結束，讓我們接著看下去。百丈禪師說：

「若是如此，你已經說過了。」

「我已盡力。你會怎麼說？」

「我不是善知識，」百丈禪師說。

「我已說得太多，」南泉禪師說。

這種內在意識狀態無法用合乎邏輯的方式去陳述，而我們必須領悟這種內在意識狀態，才有辦法對禪進行有意義的討論。

語言只是索引，我們可以透過語言理解這種狀態的重要性，但不要把語言當成絕對的指引。先試著了解禪師說這些話、做這些事的時候處於怎樣的心理狀態。他們看似荒謬可笑或是愚蠢瑣碎的行為舉止，不是因為他們的情緒反覆無常。他們都從深刻的個人經驗裡，獲得追求真理的堅實基礎。貌似瘋癲的表現，以有系統的方式展現最重要的真理。從這個真理的角度看世界，蚊子的飛舞與扇子的搖動，重要性都不亞於宇宙的運動。重點是看見貫穿萬象的精神，這是一種絕對的肯定，裡面沒有一絲虛無主義的成分。

放下一切

有僧人問趙州：「我什麼也沒帶就來找你，你覺得如何？」

趙州說：「放下吧。」

僧人說：「既然什麼也沒帶，要怎麼放下？」

趙州說：「放不下，那就擔起來吧。」

趙州直接點出虛無主義的無用。要達到禪的目標，連「什麼都沒有」的想法也應當放下。佛陀不再肯定自我的存在時，才找到真正的自我；也就是說，為了成佛，必須放棄成佛。這是領悟禪宗真諦的不二法門。討論虛無或討論絕對，都距離禪非常遙遠，而且會愈來愈遠。就連「空」的立足點也必須摒棄。拯救自己的唯一方法，就是自己跳進無底深淵。這確實不容易做到。

否定非否，肯定亦然

圜悟禪師曾大膽斷言：「諸佛不曾出世，亦無一法與人。祖師不曾西來，未嘗以心傳授。自是時人不了，向外馳求。殊不知自己腳跟下，一段大事因緣！千聖亦摸索不著。只如今見不見，聞不聞，說不說，知不知。從什麼處得來？」

表面上看來他是在提問，但真是如此嗎？這會不會是描述某種明確心態的肯定陳述呢？

禪的否定句，表達的不一定是邏輯意義上的否定。肯定句亦然。重點是，經驗的終極事實不應受限於任何人為的或結構的思維規範、「是」與「否」的二元對立、知識論的陳腔濫調。表面上，禪是荒謬的、非理性的；但這僅僅是表面。也因此禪遭到誤會、曲解與惡意嘲諷是很自然的結果。被貼上虛無主義的標籤只是其中之一。

維摩詰居士向文殊菩薩請教菩薩所證悟的不二法門，文殊菩薩答：「如我意者，於一切法無言無說，無示無識，離諸所答，是為入不二法門。」接著他反問維摩詰：「我等各自說已，仁者當說何等是菩薩入不二法門？」維摩詰默然無言。這種神秘主義式的回答——閉口不語——似乎是擺脫窘境僅有的方法，而禪經常被逼入這樣的窘境。圜悟禪師對此做出以下的評論：

「道是是無可是，言非非無可非。是非已去，得失兩忘。淨裸裸，赤灑灑。且道，面前背後是箇什麼。或有箇衲僧出來道：『面前是佛殿三門，背後是寢堂方丈。』且道，此人還具眼也無？若辨得此人，許爾親見古人來。」

如果沉默沒用，我們能否仿效圜悟禪師的口吻說：「在上天門開，在下火不滅」？這是否揭示了禪宗的終極真諦，而不是被「是」與「非」的二元思維束縛？的確，只要對「這個與那個」、「我的與你的」存有一絲意識的痕跡，我們就不可能徹底悟道，古代聖賢也會顯得與我們毫無共同之處。內在的寶藏將永遠深埋。

有個僧人問：「維摩經云：『欲得淨土，當淨其心。』云何是淨心？」

禪師答：「以畢竟淨為淨。無淨無無淨，即是畢竟淨。何是無淨無無淨？一切處無心是淨。得淨之時，不得作淨想，即名無淨也。得無淨時，亦不得作無淨想，即是無無淨也。」

畢竟淨就是絕對的肯定，因為它超越了淨與無淨，並且以更高的形式將兩者合而為一。這當中沒有否定，也沒有任何矛盾。禪的目的是在真實的日常生活裡實現這種融合，而不是用生活來實踐形而上的概念。從這個角度來看，禪所有的「問與答」都需要思量。沒有模稜兩可，沒有文字遊戲和詭辯。禪是世上最嚴肅的主題。

以下這個故事來自最早的禪宗著作之一[4]，讓我以此為本章作結。唯識派的佛教哲學家道光跑去請教一位禪師：

「應該用何心修道？」

禪師：「無心可用，無道可修。」

道光：「既然無心可用，無道可修，你為何每日聚眾勸人學禪修道？」

禪師：「我尚無立錐之地，要在哪裡聚眾？我沒有舌頭，怎麼勸人來找我？」

道光驚呼：「你為什麼當著我的面說謊？」

禪師：「我聽不懂你在說什麼。也聽不懂我自己在說什麼。」

4 作者是大珠慧海，師從馬祖道一（卒於西元七三八年）。

第四章

禪的不合邏輯

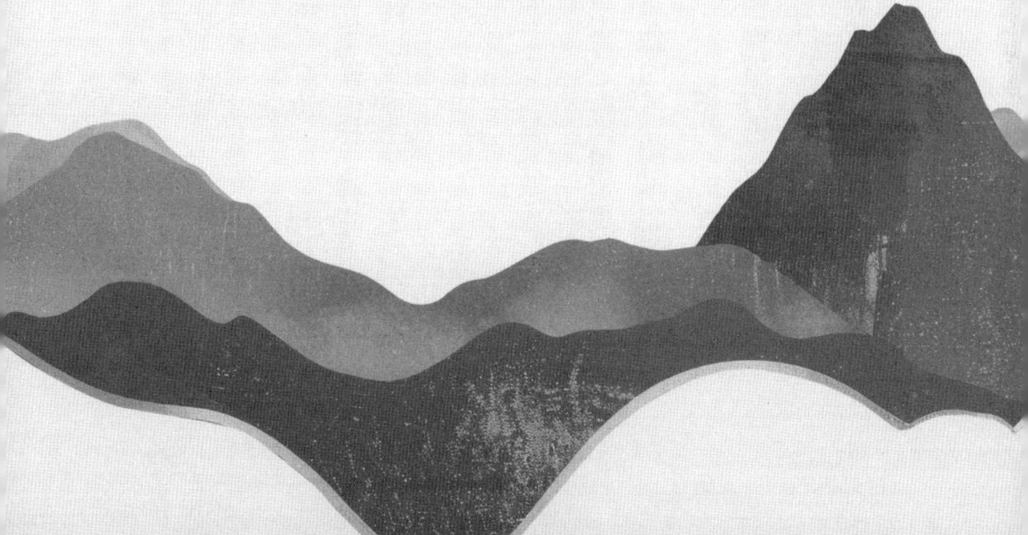

空手把鋤頭，步行騎水牛；
人從橋上過，橋流水不流。

這首偈語的作者是自號善慧大士的傅大士（四九七—五六九），它點出習禪者抱持的觀點。偈語的內容當然沒有窮盡禪學思想，但它生動描繪了禪的方向。想要藉由智性理解禪宗真諦（若可能的話），就必須先了解這首偈語的含意。

捨棄邏輯

這四句話極度不合邏輯，也違背常識。批評者看了肯定會說禪很荒謬、很混亂，超出一般論理的範圍。但是禪不會讓步，禪認為所謂的常識觀點並非最終觀點，我們之所以無法徹底領悟真理，是因為我們對「合乎邏輯」的詮釋異常執著。若我們真想探索生命的本質，就必須捨棄我們愛用的邏輯三段論（syllogism），必須學習新的觀察方式，進而擺脫邏輯的控制以及日常用語的片面性。無論看起來多麼弔詭，禪仍堅持「空手」必能「把鋤頭」，而你腳下流動的是

「橋」不是「水」。

禪的非理性陳述當然不只這些，令人瞠目結舌的陳述還有很多。有些人可能會說禪瘋狂或愚蠢到無可救藥。的確，我們的讀者看到以下這些話會怎麼想呢？

「張公吃酒李公醉。」

「如何是諸佛師？頭上有寶冠者不是。」

「木馬嘶風，石人舞袖。」

「海上生煙塵，平地起波濤。」

有時候，禪宗會問你這樣的問題：

「傾盆大雨，如何使雨停？」

「雙手拍掌有聲：聽聽隻手之聲。」

「若你聽過隻手之聲，能否也讓我聽聽？」

「當我們看見高山聳立、大海填壑，為什麼我們在佛經讀到的是法性本一、無高也無低？」

習禪者失去理智了嗎？還是喜歡故作神秘？這些陳述除了攪亂我們的思緒之外，沒有任何內在意義與教化涵義嗎？看似非理性的瑣碎細節，傳達了什麼禪理？答案很簡單。禪希望我們得到全新的觀點，再用新觀點去探索生命的奧義與自然的祕密。這是因為禪已歸納出明確的結論：一般的邏輯論證無法真正滿足我們最深層的心靈需求。

事實優先，不為智性支配

我們通常認為「A是A」這句陳述絕對成立，而「A是非A」或「A是B」則是絕對不成立的命題。我們一直無法突破這些先決條件，它們太霸道。但是禪要告訴大家：語言只是語言，僅此而已。當語言與事實不再相符，我們就該摒棄語言，回歸事實。邏輯能發揮實用價值，我們就應該運用邏輯。但是當邏輯沒有用或是想要踰越應有的分際時，我們必須對邏輯喊「停！」自從意識覺醒以來，我們一直嘗試用「A」與「非A」的二元思維解決存在的奧祕，滿足我們對邏輯的渴求。所以我們說橋是橋，流動的是水，煙塵生於陸地。但令我們大失所望的是，我們始終無法得到心靈平靜、幸福圓滿，也無法參透生命和這個世界。

我們顯然已經智窮力竭。沒有任何方法能引領我們走入更寬廣的現實世界。

語言無法表達靈魂深處的痛苦，但是看哪！有光籠罩著我們的存在。這就是禪的開端。因為現在我們明白「Ａ是非Ａ」，明白邏輯是片面的，明白所謂的「不合邏輯」其實追根究柢後不一定不合邏輯。看上去不合邏輯的，其實擁有自己的邏輯，符合事物的真實狀態。「空手把鋤頭！」這使我們心滿意足，因為自從智性出現以來，人類一直奇怪地追尋這種矛盾。智性出現並非意指人類擁有智性，而是指智性超越自身。唯有當「Ａ是非Ａ」成立，「Ａ是Ａ」的意義才得以實現。不做自己才能做自己——這就是禪的邏輯，它滿足人類所有的願望。

「花不是紅色，柳不是綠色。」習禪者認為，這是最令人感到踏實的念頭。一旦我們將邏輯視為至高無上，我們就會受到束縛，沒有精神上的自由，也看不見生命的真相。但是，現在我們握有理解全貌的關鍵；我們是現實的主宰，語言不再支配我們。就算我們喜歡說鋤頭不是鋤頭，也完全可以理直氣壯；鋤頭不一定永遠只是鋤頭。禪師認為，用這種方式描述現實的狀態更加正確，因為現實不願受限於名稱。

簡單是禪

掙脫名稱與邏輯的掌控，這也是一種精神上的解放，因為靈魂不再自相矛盾。獲得智性自由後，靈魂擁有完整的自己，不再受生死的折磨，因為這樣的二元思維已徹底消失，生命死而不滅。過去我們透過對立和差異來觀察世事，也抱持這種態度來待人接物，或多或少帶著敵意。但這種情況已被顛覆，我們終於能夠由內而外看待這世界。所以才會有「鐵樹開花」和「雨打不濕」。靈魂因此變得完整、完美、充滿喜樂。

禪處理的是事實本身，而不是透過邏輯、話語、偏見去笨拙地呈現事實。直接了當的簡單是禪的靈魂，也是禪宗的活力、自由與創造力。基督宗教強調心靈保持單純，其他宗教亦然，但心靈單純不一定是天真或癡傻。在禪裡，心靈單純意味著不糾結於智性的枝微末節，不被坦率且充滿詭辯的哲學論證沖昏頭。它意味著認清事實是事實，語言是語言，別無其他。

禪經常把心比喻為一面明鏡。因此，禪所說的簡單，指的就是保持這面鏡子的明亮、純淨，隨時都能單純且絕對地映照出鏡前之物。如此才能看清楚鋤頭是鋤頭，但鋤頭也不是鋤頭。只認可前者是一種常識的觀點，唯有後者也獲得認可，這才是禪。常識的觀點既扁平又乏味，而禪的觀點總是新穎的、激發人心的。每一次說禪，生機就更加盎然；這亦是一種創造的行為。

禪認為我們總是淪為語言和邏輯的奴隸。只要繼續受到束縛，我們就會痛苦不堪、煩惱不斷。但如果我們想要看到真正值得了解的事情，也就是對心靈幸福有益的事情，就必須徹底掙脫所有制約；我們必須嘗試獲得新觀點，藉由這個新觀點，我們可以觀察世界的全貌，從內在去理解生命。這個想法驅策我們跳進「無名」深淵，直接領略正在創造世界的心靈。這裡沒有邏輯，沒有哲學的高談闊論；沒有為了滿足人為舉措而扭曲事實；沒有為了以理性剖析人性就扼殺人性；心與心之間坦率相對，猶如兩面鏡子，互相映照、毫無隔閡。

一把解決所有難題的鋤頭

在這層意義上，禪宗非常務實。與抽象思考無關，也與辯證法的微妙細節無關。禪拿起你面前的鋤頭，舉到你面前大聲說：「我手裡有鋤頭，也沒有鋤頭。」沒有提到上帝和靈魂，也不討論永恆與來世。拿起一把普通的鋤頭，一個隨處可見的物品，就能回答人生遇到的所有難題。不需要其他東西。為什麼？因為禪為萬事萬物的現實開闢了一條新的道路。理解牆縫裡一朵不起眼的小花，就能理解整個宇宙和宇宙內外的一切。禪說這把鋤頭就是謎底。多麼令人耳目一新，多麼充滿生命力——禪用這種方式解開最複雜纏繞的哲學問題！

中世紀早期有一位知名的基督宗教教士嘆道：「可憐的亞里斯多德！你為異教徒發明了辯證的技藝，建立與破壞的技藝，討論一切卻一事無成的技藝！」真真是無事生非！歷朝歷代的哲學家都用厲害的邏輯與創新的分析去解釋所謂的科學與知識問題，但他們的看法卻互相牴觸。難怪這位有智慧的年長教士為了徹底終止這種無用的討論，往這群徒勞的哲學家大膽扔出一顆炸彈，他說：「因為不可能，所以明確（Certum est quia impossible est）。」或是更合乎邏輯地說：「因為荒謬，所以我相信。（Credo quia absurdum est）。」這不正是對禪的一種絕對肯定嗎？

開啟第三隻眼

老禪師在眾僧面前拿出棍子，說：「諸位有看見這根棍子嗎？如果有，你們看見的是什麼？你們會說：『這是一根棍子』嗎？若是如此，你們只是凡夫俗子，尚未悟道。如果你們說：『我們沒看見棍子。』我會說：『我手裡就有一根，你們怎能睜眼說瞎話？』」禪裡沒有微不足道的小事。除非你打開第三隻眼，直視事物最深處的祕密，否則不可能理解古代聖賢在說什麼。既看見棍子又看不見棍子的這第三隻眼，到底是什麼？我們要如何對萬事萬物產生這種不合邏輯的領悟呢？

禪說：「佛陀說法四十九年，未曾動過一次薄舌（tanujihva）。」舌頭不動，有辦法說話嗎？怎會有如此荒謬之事？玄沙禪師（八三一—九〇八）曾提出說明：「虔誠的人總說自己會盡力度人，但是遇到以下三種病人該如何度化？盲人看不見眼前的棍子或槌子；再美妙的講道，聾人也聽不見；再怎麼催促啞巴說話，他們也開不了口。若無法幫助這些各自受苦的人，佛法有什麼用呢？」玄沙禪師的說明似乎什麼也沒有解釋。或許佛眼禪師的勸戒能幫助我們理解這個主題。他對弟子說：「大家都有一雙耳朵，你們用耳朵聽到了什麼？大家都有一片舌頭，你們用舌頭宣講了什麼？你們什麼都沒說過，什麼都沒聽過，什麼都沒看過。那麼這些形體、聲音、氣味、味道是從哪裡來的呢？」（也就是說，這個世界來自何處？）

如果看完這段話還是不懂，讓我們看看雲門禪師（卒於西元九六六年）這位最偉大的禪師之一能否幫助我們領悟。有個僧人來找雲門禪師，請他講解前面玄沙禪師的開示。雲門禪師要他先正式向自己禮拜。僧人伏地禮拜，起身後，雲門禪師舉起拄杖要推他，他退了一步。禪師說：「原來你不是瞎子。」禪師叫僧人走到自己面前，僧人聽命照做。禪師說：「原來你不是聾子。」最後他問僧人是否明白剛才發生了什麼事，僧人說：「不明白。」禪師說：「原來你不是啞巴。」

看完這些講解與示範，我們仍在「未知領域」（terra incognita）遊蕩嗎？若是如此，我們只能回到本章的開頭，把那首偈語再看一次：

空手把鋤頭，步行騎水牛。

邏輯不是生活，禪才是

我再做些補充：禪之所以如此強烈反對邏輯，這本書之所以先討論禪不合乎邏輯的部分，是因為邏輯已滲入生活的方方面面，以至於多數人相信邏輯就是生活，少了邏輯的生活沒有意義。邏輯如此明確且全面地繪製我們的人生地圖，我們只要按圖索驥過日子就行了，不應該想著怎麼推翻思考的規範，因為這些規範不可變更。多數人都秉持這樣的人生觀，但我必須說，其實他們經常違反他們以為不可違反的規範。他們「空手把鋤頭」；有時候他們覺得二加二等於三，有時候等於五；但他們沒有意識到這件事，還以為人生合乎邏輯或數學的規範。禪想要推倒這座顛倒是非的城堡，使我們認清生命本質在於心理與生物層面，不在於邏輯。

邏輯是矯揉造作且痛苦的；邏輯在意他人的眼光。倫理道德也一樣，倫理道德是把邏輯套用在生命的事實上。有倫理道德的人，做的是能贏得讚賞的好事；他時時刻刻注意自己的舉止，還常常想著未來的回報。我們應該可以說，不管他做了多少符合客觀標準與社會標準的善行，他的心都是髒的，一點也不清淨。這是禪宗所厭惡的。

生命是藝術，而且一如完美的藝術，它應該是忘我的；不應存在一絲矯揉造作與痛苦的感受。禪認為生命應該像鳥兒在空中飛翔，魚兒在水中游泳。一旦出現刻意斧鑿的跡象就沒救了，人將不再是自由的存在。你沒有依照應有的方式活著，你在客觀條件的壓迫下痛苦不堪。你感受到束縛，而且失去獨立。

禪的目的是保存你的生命力、你與生俱來的自由，最重要的是，保留你的完整存在。換句話說，禪想要發自內心去生活。不受規則束縛，創造屬於自己的規則——這就是禪要我們過的那種生活。所以禪才會有那些不合邏輯，或是超越邏輯的陳述。

有位禪師[1]在講道時說：「佛陀在世時講解佛經五千四十八卷；講經的內容包括空性論與存在論，也包括頓悟和漸悟。這豈不是一種肯定？

但是永嘉[2]道：『亦無人亦無佛；大千沙界海中漚；一切聖賢如電拂。』這豈不是一種否定？

眾位弟子，如果你們說這是肯定，就是在反駁永嘉；若說這是否定，就是在反駁佛祖。如果佛祖與我們同在，他會如何走出這種進退兩難的情況？但要是你知道我們確切的處境，我們將朝見釋迦暮參彌勒；若是不知道，我來為大家點破。我否定時，不是否定；我肯定時，不是肯定。頭轉向東邊去看西土，面朝向南邊去看北斗！」

1 五祖法演

2 《永嘉證道歌》

第五章

禪是更高層次的肯定

一根竹篦

首山禪師（926-992）曾舉著竹篦[1]對一群弟子說：「喚作竹篦則觸，不喚作竹篦則背。不得有語，不得無語，喚作什麼？速道！速道！」一位弟子上前，拿走禪師手裡的竹篦折成兩半，說：「是什麼？」

對習慣處理抽象思考和深奧問題的人來說，這件事似乎不值得思考，他們都是學識淵博的哲學家，一根細細的竹棍與他們何干？經常深度思考、飽讀詩書的人，為什麼要關心這東西叫不叫竹篦、有沒有被折斷或扔在地上？但是對習禪者來說，首山禪師的開示饒富深意。若能真正理解他提問時的心境，就已跨入禪宗的世界。後來有許多禪師仿效首山禪師，也拿著竹篦向弟子提問。

突破二元對立才能自由

用大多數讀者或許較能接受抽象的表達來說，這種作法是為了超越「是」與「非」的邏輯對立，追求一種更高層次的肯定。我們通常不敢超越二元對立，因為我們認為自己做不到。邏輯把我們嚇得不輕，導致我們每次聽到邏輯二字都怕到瑟瑟發抖。

自從智性覺醒以來，邏輯二元思維一直用最嚴格的框架制約思考，使大腦拒絕掙脫想像中的枷鎖。我們想都沒想過自己可以逃離這種自我施加的智性限制。除非我們能突破「是」與「非」的二元對立，否則永遠不可能活出真正的自由。靈魂一直在渴求自由，忘了要達到更高層次的肯定其實沒那麼難，那是肯定與否定之間不存在對立差異的境界。因為有禪宗，我們藉由禪師手裡的一根竹篦就達到這種更高層次的肯定。

當然不只是竹篦，大千世界裡的萬事萬物都一樣。我們在這根竹篦裡找到各種可能出現的存在，也找到各種可能發生的人類經驗。了解這根平凡無奇的竹篦，就能以最透澈的方式了解生命的全貌。手裡握著竹篦，就等於握著整個宇宙。討論竹篦，就是在討論萬物。

一理通，萬理徹。華嚴宗說：「一攝一切，一切攝於一。一即一切，一切即

1 竹篦是將長度約四十五公分的竹片，以藤綑綁固定的竹棍。

一。一入一切，一切入於一。一一微塵亦復如是。」但是請注意，這可不是泛神論，也不是同一性理論（theory of identity）。舉到你面前的竹篦只是一根棍子，不是宇宙的象徵，不是一切，不是一；若說「我看見這根竹棍」或「竹棍在此」，也都不太貼切。這不是禪宗，更不是華嚴宗的哲學思想。

邏輯、智性無法面對大哉問

我在前一章討論過禪的不合邏輯；讀者現在應該知道禪為什麼要反對邏輯，而且是形式邏輯與非形式邏輯都反對。不合邏輯不是禪的目的，而是為了讓大家明白邏輯的穩定一致並非最終狀態，有一種超越智性的陳述是單靠聰明才智無法理解的。

當一切運作如常時，智性習慣的「是」與「非」思維用起來很方便。但是碰到生命的大哉問，智性無法提供令人滿意的答案。說「是」等於肯定，會造成自我設限；說「非」等於否定，會排斥其他可能性。限制與排斥追根究柢是同一件事，都會扼殺靈魂。絕對的自由與和諧才是靈魂應有的存在狀態，不是嗎？限制與排斥裡沒有自由，也沒有和諧。禪宗深知這一點。因此，為了滿足內在生命的需求，禪宗引領我們進入一個沒有任何二元對立的完美國度。

絕對的肯定是生命的真諦

不過，我們必須記住我們活在肯定裡，而不是否定裡，因為生命本身就是一種肯定。這種肯定不應伴隨著否定，也不應被否定制約，因為這樣的肯定是相對的，不是絕對的。相對的肯定會使生命失去新穎的創造力，變成毫無產出的機械化過程，堪比行屍走肉。

生命若要自由，就必須是絕對的肯定。它必須凌駕於各種可能阻撓自由活動的條件、限制與二元對立。首山禪師舉起竹篦時，他希望弟子理解和明白的正是這種絕對肯定的形式。只要是發自內在深處的答案都是好答案，因為這一定是絕對的肯定。因此禪不僅想要單純逃離智性的禁錮，有時候也會變成放蕩不羈。禪可以幫助我們掙脫制約，同時給予我們堅定的立足點，而且不是那種相對意義上的立足點。禪師費力拿走弟子出生至今累積的立足點，換上一個不算是立足點的東西。如果竹篦點化不了他，其他唾手可得的東西都可拿來用。禪宗不是虛無主義，因為竹篦或其他東西都是真實的存在，不像語言和邏輯那樣張口就來。習禪的時候，這一點不容忽視。

用「心靈」逃脫「邏輯」

讓我舉幾個例子說明一下。德山禪師（七八〇—八六五）每次在禪堂講道時，手裡總是拿著一根大棒，說：「道得也三十棒，道不得也三十棒。」他只對弟子說這短短一句話。沒有長篇大論討論宗教與道德，沒有抽象論述，沒有吹毛求疵的形而上分析。

恰恰相反，他的方法簡單粗暴。對那些認為宗教總是怯懦和偽善的人來說，德山禪師必定像個粗魯的莽漢。但是把事實當成事實來對待，不透過任何媒介，事實本就是如此粗糙的東西。我們必須坦蕩面對事實，因為無論怎麼眨眼或逃避都無濟於事。打三十棒，睜開內在的眼睛。絕對的肯定必定會從炙熱的生命火山口升起。

五祖法演禪師（卒於西元一一〇四年）曾問：「遇到得道的智者，若你沉默以對，要怎麼向他求道呢？」重點是使人明白我所說的「絕對肯定」是什麼意思。不只是擺脫「是」與「非」的二元對立，還要找到一種積極的方式讓它們和諧共存——這是這個問題的目的。有位禪師指著仍在燃燒的木炭對弟子說：「老僧喚作火，汝喚作甚麼？」這裡也是同樣的道理。禪師想幫弟子的腦袋掙脫邏輯的束縛，邏輯一直是人類的禍根。

別把這當成故意令人霧裡看花的謎題，也絕對不是開玩笑。答不出這些問題，是有後果要面對的。你會不會被自己的思維規範永遠困住？還是在無邊無際、本就是肯定的生命裡享受絕對的自由？你不能猶豫。要不認清事實，要不就是任由事實溜走——除此之外，別無選擇。禪宗的修行法門通常會把人置於兩難的窘境，逼人設法逃脫，不是透過邏輯，而是透過更高層次的心靈。

前人公案

藥山禪師（七五一—八三四）最初在石頭禪師（七〇〇—七九〇）門下修行時，

曾問他：「三乘十二分教，我粗略知曉，嘗聞南方直指人心[2]，見性成佛。實未明了，伏望和尚慈悲指示。」石頭禪師說：「肯定也不得，否定也不得。肯定否定總不得，你說是為什麼？」藥山禪師沉默思索，他不明白這個問題的意思。石頭禪師建議他去找江西馬祖道一禪師，說不定馬大師能幫他了悟禪宗真諦。於是藥山帶著同樣的問題前去請教馬大師，馬大師說：「我有時教伊揚眉瞬目，有時不教伊揚眉瞬目。有時揚眉瞬目者是，有時揚眉瞬目者不是。」藥山立刻明白這句話的涵義。馬大師問他：「你為什麼來這裡？」藥山說：「我請教石頭禪師時，猶如蚊子想吸鐵牛血。」這是令人滿意的理由或解釋嗎？這所謂的肯定還真奇怪！

唐朝宣州刺史陸亙問南泉禪師：「有個古人把小鵝養在瓶子裡，鵝漸漸長大，出不了瓶子。他怕傷到鵝，不敢打破瓶子。你覺得該怎麼辦？」禪師出聲叫喚：「陸大人！」陸亙立刻回應他的呼喚。禪師說：「這不就出來了。」南泉禪師用這種方式釋放瓶中的鵝。陸亙是否藉此得到更高層次的肯定？

香嚴禪師[3]說：「如人上樹，口銜樹枝，手不攀枝，腳不踏樹，樹下有人，問西來意。不對即違他所問，若對又喪身失命。這時該怎麼做？」雖然是借寓言描述，但主旨與前面的例子相同。一開口說出肯定或否定的答案，你就錯了。禪就消失了。但什麼都不說也不行。靜止不動的石頭是沉默的，窗下盛開的花也是沉默的，它們都不懂禪。必定有一種方法能使沉默與流利的表達變成同一件事，也就是用一種更高層次的陳述將肯定與否定合而為一。能做到這一點，就表示已參透禪理。

模仿並非參禪，解釋就是道歉

什麼是絕對肯定的陳述呢？百丈禪師（七二〇—八一四）在決定由誰擔任大溈山的禪寺住持時，他把兩位弟子叫到跟前，拿出一個僧人經常攜帶的淨瓶，說：「不得喚作淨瓶，汝喚作甚麼？」第一位弟子答：「也不可以喚作木。」百丈禪師對這個答案不太滿意。第二位弟子走過來，輕輕踢倒淨瓶後，一語不發走出

2 不同於佛教的其他宗派，禪宗發源於中國的南方省分。
3 為山靈祐禪宗師（771-853）的法嗣。

去。他被選為新任住持，後來成為「一千五百人善知識之師」。踢倒淨瓶就是絕對的肯定嗎？你也可以試試，但你這麼做不一定會被認為已參透禪理。

禪厭惡任何形式的重複與模仿，因為足以致命。出於同樣的原因，禪從不解釋，只有肯定與否。生命是事實，解釋既沒有必要，也不恰當。解釋就是道歉，我們為什麼要為了活著感到抱歉？就是活著——這樣還不夠嗎？讓我們活著，讓我們肯定！這就是禪的清淨，也是禪的零偽裝。

一個問題，萬般回答，無窮意境

南泉禪師的禪寺，東西兩堂的弟子為了爭搶一隻貓吵起來。南泉禪師捉住貓，高舉在雙方人馬面前，說：「道得即救取貓兒，道不得即斬卻也。」沒有一人上前說話，南泉禪師就把貓兒斬成兩半，徹底終結這場「貓是誰的」的無益爭吵。後來趙州禪師歸來，南泉禪師拿這件事問他，如果是他來處理，怎麼做才能留貓一命。趙州立刻脫下草鞋、放在頭頂。南泉說：「汝適來若在，即救得貓兒也。」

這個故事要表達什麼呢？為什麼要犧牲一隻無辜的小動物？趙州把草鞋放在頭上，和這場爭吵有什麼關係？南泉殺生，是不是刻意犯戒與表現殘忍？趙州舉止古怪，難道真是個傻瓜？「絕對否定」與「絕對肯定」——真的是兩回事嗎？趙州與南泉兩位禪師的表現都極為真誠。除非能領會這一點，否則禪宗確實像在胡鬧。這隻貓兒當然不是白白犧牲。如果低等動物真能成佛，這隻貓成佛是命中注定。

曾有僧人問趙州禪師：「萬法歸一，一歸何處？」禪師說：「老僧在青州作得一領布衫，重七斤。」這是最有名的禪師語錄之一。有人會問：「這就是所謂的絕對肯定嗎？僧人的布衫與萬法歸一之間有什麼關聯？」我的問題是：你相信萬事萬物都存在神裡，那麼神住在哪裡呢？在趙州禪師重七斤的布衫裡嗎？當你說神在這裡，祂就已經不在；但你也不能說神並不存在，因為照你的定義來說，神是無所不在的。只要我們依然受到智性束縛，就不可能看見神的本來面目；我們到處尋覓祂，但祂總是離我們而去。智性渴望確認神在哪裡，但神在本質上是無法受到限制的。這使智性陷入兩難的窘境，而且這窘境避無可避。

有沒有解決之道呢？趙州的布衫不是我們的，他的方法我們不能照搬，因為每個人都必須走出自己的路。如果有人拿同樣的問題來問你，你會怎麼回答？我們在人生的每個轉捩點，不是都會碰到相同的問題嗎？我們不也總是想要立刻找到最實際的解決方法？

每次有人問俱胝禪師[4]問題，他最喜歡的回應方式是伸出一根手指。俱胝禪師座下一個小沙彌有樣學樣，碰到陌生人問他禪師傳授了什麼，他也伸出一根手指。禪師知道此事後，有一天召喚了小沙彌，用刀切下了他的手指。小沙彌又懼又痛，正想跑走卻又被禪師叫回來，看見禪師伸出一指。出於習慣，他也想學禪師伸出一指，但那根手指已經沒了，這時他才恍然大悟。模仿是奴役。人云亦云毫無意義，唯須領會精神。更高層次的肯定存在於精神之中。精神在哪裡？在你的日常經驗裡，你需要的證明早已一應俱全。

佛經裡說：「城東有一老母，與佛同生而不欲見佛。每見佛來，即便迴避。雖然如此，回顧東西，總皆是佛，遂以手掩面，乃至十指掌中，總皆是佛。我問：『老母其誰歟？』」

不虞匱乏卻不自知

絕對的肯定就是佛，無法迴避，因為無論你看向何處，它就在你面前。但不知為何要等到你像那個小沙彌一樣失去一指，你才看到它。這很奇怪，但我們確實就像「飯籮邊坐餓死人」，也像「水裡沒頭浸渴死漢」。有位禪師進一步說：「通身是飯，通身是水。」若是如此，我們就不能說自己餓了、渴了，因為我們從來不虞匱乏。有個僧人來請曹山禪師（八四〇—九〇一）施助，因為他很窮困。曹山禪師喚他：「闍黎[5]！」僧人也立刻回應。曹山禪師對他說：「清原白家酒三盞，吃了猶道未沾唇。」或許我們也和這位窮困的僧人一樣，明明很富足，卻從未察覺這個事實。

最後，我要從無數個禪宗語錄裡再舉一個絕對肯定禪宗真諦的例子。清平禪師（八四五—九一九）問翠微禪師[6]：

4 西元九世紀天龍禪宗師的法嗣。
5 譯註：亦作阿闍黎，佛教的導師或上師，梵語Acarya的音譯。（Wikipedia）
6《傳燈錄》卷十五。

「如何是佛祖西來意？」

翠微禪師說：「待無人即向汝說。」

過了一會兒，清平禪師說：「無人也，請和尚說。」

翠微禪師下了座，帶這個急切想知道答案的提問者來到竹園，仍舊一語不發。清平再次請他回答，翠微這才輕聲說：「這竿得恁麼長！那竿得恁麼短！」

第六章

務實的禪

一、

別把手指當月亮

到目前為止，我們都是從智性的角度討論禪，目的是了解透過智性不可能理解禪。事實上，把禪理解為哲學並不正確。禪厭惡媒介，尤其是智性的媒介。在根本上與本質上，禪既是一種修養也是一種體驗，不倚賴任何解釋，因為解釋只是浪費時間與精力，而且總是抓不到重點。解釋只會加深誤解、扭曲觀點。禪若想讓你知道糖有多甜，會直接把糖塞進你嘴裡，不需要隻言片語。

習禪者會說，想要指月必須伸出手指才能做到，可是若把手指當成月亮，那可就糟了！看似不可能，其實我們犯過多少類似的錯誤而不自知。無知往往可使我們不陷入驕矜自滿。但以禪為主題的書寫不可能不以手指月，因為這是書寫者唯一被允許使用的工具；他們在能力範圍內，盡量把這個主題寫得清楚通透。以形而上的角度去介紹禪宗，讀者可能會因為看不懂而感到沮喪，因為熱衷思辨或內省的人並不多。我想從不一樣的角度切入，或許這個角度更貼近真正的禪。

何謂道？你是誰？從哪來？

曾有人問趙州禪師什麼才是道（禪宗真諦）？他回答：「你的日常生活就是道。」也就是安靜、自信、真誠的自我存在——此即禪宗真諦，這也是為什麼我會說禪非常務實。禪直接訴諸生命，甚至不指涉靈魂和上帝，也不談干涉或妨礙日常生活軌跡的事情。禪宗思想是在流動的生命裡把握當下。禪毫無奇特或神秘之處。我抬起手，我從桌子的另一頭拿起一本書，我聽見窗外有幾個男孩在打球，我看見雲朵飄過附近的樹林——我在這些日常裡做禪的練習，將禪付諸實踐。不需要冗長的討論，也不需要任何解釋。我不知道為什麼——其實也不需要知道——當太陽升起時，世界充滿喜悅，人人心中洋溢著幸福。若禪是可以理解的，必定是在日常點滴裡。

因此，當菩提達摩被問到他是誰的時候，他說：「不識。」這不是因為他解釋不了，也不是因為他想迴避口頭爭論，而是因為他不知道自己是什麼、是誰，他只知道他就是他，不可能是別的什麼。就這麼簡單。南嶽禪師（六七七—七四四）去參謁六祖，六祖問他：「是什麼從哪裡來？」他不知該如何回答。他思索了整整八年，有一天恍然大悟，說出答案：「說是什麼都不對。」這句話與那句「不識」異曲同工。

簡單的回答與沉默的開示

石頭禪師曾問弟子藥山：「你在這裡做什麼？」藥山說：「什麼也不做。」禪師說：「所以你只是在消磨時間？」藥山說：「消磨時間，不也是在做『消磨時間』這件事嗎？」石頭繼續追問：「你說你什麼也不做，這個『什麼也不做』的人是誰？」藥山的回答跟菩提達摩一樣：「千聖亦不識。」若從神秘化的意義上來說，這句話不是不可知論（agnosticism）的意思，也不是神祕主義。只是用簡單明白的詞彙描述簡單明白的事實。如果讀者不這麼認為，那是因為他們還沒達到菩提達摩與石頭禪師的境界。

梁武帝請傅大士講解佛經。傅大士肅穆端坐在椅子上，一語不發。梁武帝說：「我請你講解佛經，你為什麼沒開口？」梁武帝的帝師誌公禪師說：「大士講經畢。」這位一語不發的佛教哲學家到底開示了什麼？後來有位禪師如此評論傅大士的講經：「擲地有聲！」《維摩詰經》的主角維摩詰居士也同樣以沉默回答這個問題：「菩薩如何進入不二法門？」所以有人說：「維摩一默一聲雷。」沉默真的如此震耳欲聾嗎？果真如此，那我也閉上嘴巴，整個宇宙和繁鬧喧囂都立刻被吸進這全然的沉默裡。可惜模仿不會讓青蛙變成綠葉。少了新穎的原創性就不是禪。我只能說：「遲矣，遲矣！箭已離弦。」

又難又容易

有僧人問六祖惠能：「黃梅意旨什麼人得？」

惠能說：「會佛法人得。」

僧人說：「和尚還得否？」

惠能說：「我不得。」

僧人說：「和尚為什麼不得？」

惠能說：「我不會佛法。」

領悟禪宗真諦是多麼困難卻又多麼容易的一件事！難，是因為悟即不悟；容易，是因為不悟即悟。有位禪師說，連釋迦摩尼與彌勒也沒有悟道，但頭腦簡單的奴僕反而可以。

我們現在明白為什麼禪宗摒棄抽象思維、象徵和比喻修辭。神、佛、靈魂、無窮、唯一真神等諸如此類的稱號，沒有真實的價值。說到底，它們只是語言和觀念，對真正的悟道毫無助益。非但如此，它們還經常騙人，而且相互矛盾而不自知。我們不得不時刻保持警惕。有位禪師說：「念佛一聲，漱口三日。」還有「佛字我不喜聞。」或是「無佛處急走過」，「有佛處不得住」。為什麼習禪者如此排斥佛呢？佛陀不是他們的世尊嗎？他不是佛教至高無上的真實存在嗎？他不可能是習禪者避之唯恐不及的討厭鬼或髒東西。習禪者並不是不喜歡佛陀，而是對與「佛」有關的字有惡感。

佛是誰？

禪師被問到「佛是誰」或「佛是什麼」時，答案五花八門。為什麼呢？其中至少有個原因是他們想要幫我們的心掙脫各種束縛與執著，例如外部強塞給我們的語言、想法、慾望等等。禪師們曾給出的答案列舉如下：

「土身木骨，五彩金裝。」

「神工畫不成。」

「殿裡底。」

「非佛。」

「汝是慧超。」

「乾屎橛。」

「東山水上行。」

「不誑汝。」

「獨坐五峰前。」

「杖林山下竹筋鞭。」

「麻三斤。」
「口是禍門。」
「水出高原。」
「三腳驢子弄蹄行。」
「蘆芽穿膝。」
「露胸跣足。」

以上是我從幾本書裡隨機挑選的例子。若是把禪宗文獻有系統地徹底搜尋一遍，會發現禪師對「佛是誰？」這個簡單的問題，提供的答案千奇百怪。前面列舉的答案裡，有些看起來完全離題；確實如此，以一般論證的標準來說，這些答案極度不妥。有些答案像在嘲笑問題或是提問的人。我們可以相信說出這種答案的禪師是認真的嗎？他們真心希望弟子開悟嗎？其實關鍵在於用心領會禪師說出這些奇怪答案時的心境。做到這一點，每個答案都會換上新面貌，讓人一眼就能看透。

自然、原創是禪的根本特徵

禪講求務實與開門見山，從不浪費時間和言語解釋。答案總是簡潔扼要。禪不會拐彎抹角。禪師有話直說，沒有片刻猶豫。一敲鑼，鑼聲的震動隨即而至。稍不留意，就會錯過鑼聲。一眨眼即永遠錯過。有人把禪比做閃電。其實速度不是禪的元素。自然、不受人為影響、表達生命的本來面目、原創性——這些才是禪的根本特徵。因此，若我們真心渴望領會禪宗精髓，就必須時時警惕，不要被外在的表象迷惑。看到前面列舉的「佛是誰？」的答案就知道，想藉由文字和邏輯去理解禪不僅很難，還很容易產生誤解。當然，禪師的答案為我們指明方向，讓我們知道哪裡可以找到佛；可是別忘了指月的手指終究只是手指，手指無論如何都不可能變成月亮。當智性悄悄潛入、把手指當成月亮，總是暗藏著危險。

話雖如此，也有哲學家從文學和邏輯的角度去分析上述的幾個答案，試圖找到泛神論的影子。例如分析禪師所說的「麻三斤」或「乾屎橛」時，哲學家堅持認為這些答案表達了泛神論思想。也就是說，禪師認為萬事萬物裡均能見佛：麻、木片、流動的溪水、高聳的山脈、藝術品。大乘佛教，尤其是禪宗，似乎都表現出泛神論的精神。

其實這樣解釋禪宗大錯特錯。禪師一開始就預見這種危險趨勢，所以才會說出看似顛三倒四的答案。他們希望弟子和學者的心不要受到成見、偏見或所謂的邏輯詮釋束縛。洞山禪師（雲門禪師的弟子）在回答「佛是什麼」（這麼問，就等於在問「神是什麼」）時說了「麻三斤」，他指的不是透過當時他可能拿在手裡的麻布衫能看見佛，也不是用智性之眼就能在萬物中見佛。他的答案很單純，就是「麻三斤」。簡單明瞭，沒有暗示任何形而上的涵義。這些話如泉水般從他的內在意識湧出，也像花蕾在陽光下綻放。沒有預謀，也沒有蘊含哲理。因此，如果想要理解「麻三斤」的意義，我們必須先深入洞山禪師的意識深處，不要被他說的話左右。換個時間地點，他可能會說出截然不同、相互矛盾的答案。邏輯學家聽了肯定會大惑不解，八成會說他是瘋子。若是習禪者聽了，他們會說：「綿綿細雨，草地多麼鮮嫩翠綠。」他們清楚知道自己的答案，與洞山禪師的「麻三斤」寓意相同。

什麼是心？

下面這個例子或許能進一步闡明禪宗為什麼不是泛神論的一種形式。這裡所說的泛神論是指認為可見宇宙就是最高現實（亦稱上帝或心靈等等）的哲學思想，並且認為上帝與祂所顯示的表象同為一體、不可分割。可是，禪宗遠不僅如此。禪宗不浪費時間討論哲學。但因為哲學也是生命活動的一種顯示，所以禪宗不會避談哲學。哲學家請教如何開悟，禪師絕對不會拒絕用哲學家習慣的方式與對方互動。早期的禪師對於所謂的哲學家比較寬容，不像臨濟禪師（卒於西元八六七年）或德山禪師（七八〇—八六五）那樣不耐煩，這兩位禪師總是坦率直接，快速打發對方。下面的內容摘自大珠慧海禪師[1]的論述專著，內容彙整了西元八、九世紀的禪學要領，那是與眾不同的禪宗正要大放異彩的年代。有個僧人請教大珠禪師：

1 大珠慧海禪師是馬祖禪師（卒於西元七八八年）的弟子，他的著作《頓悟入道要門論》分為上下兩卷，闡述禪宗的主要思想。

問：「語言是心嗎？」

答：「語言是緣，不是心。」

問：「離開了緣，哪裡能尋覓到心？」

答：「離開了語言，就沒有心。（也就是說，心在語言裡，但心不是語言。）」

問：「若離開了語言就沒有心，什麼才是心？」

答：「心沒有形狀、沒有表象。事實上，心既非獨立於語言，也不仰賴語言。心的活動永遠寧靜自在。祖師說：『明白了心非心，才能理解心以及心的運作。』」

大珠禪師寫道：「喚作法性，亦名法身。若心生，故一切法生；若心無生，法無從生，亦無名字。迷人不知法身無象，應物現形，遂喚青青翠竹總是法身，鬱鬱黃花無非般若。黃花若是般若，般若即同無情；翠竹若是法身，法身即同草木；如人喫筍，應總喫法身也；如此之言，寧勘齒錄？」

二、

平易近人的禪

只看過前面「禪的不合邏輯」或是「禪是更高層次的肯定」等相關討論的人，可能會認為禪高不可攀，對日常生活來說遙不可及，雖然迷人卻難以捉摸。他們會這麼想實屬正常。既然如此，我們也應該從平易近人的一面來呈現禪。生命是萬物之基；沒有生命，萬物將不復存在。哲學與宏偉的思想再怎麼厲害，都無法令我們逃離眼下的生活。仰望星空，但雙腳仍需走在堅實的土地上。

趙州禪師的公案

平易近人的禪，是什麼樣子的呢？趙州禪師曾問一位初來乍到的僧人：

「你來過此處嗎？」

僧人說：「來過。」

趙州說：「喫茶去。」

後來又來了一位僧人，趙州同樣問他：「你來過此處嗎？」

這位僧人說：「沒來過。」

趙州的答案卻沒變：「喫茶去。」

管理禪院的院主問他：「為什麼來過也喫茶去，沒來過也喫茶去？」

年邁的禪師說：「喔，院主！」院主說：「禪師請講。」

趙州禪師說：「喫茶去。」

趙州是唐朝最機敏的禪師之一，禪宗能在中國發揚光大，趙州功不可沒。據說他年過八十依然雲遊四方，提升自己的禪學修為，後來在高齡一百二十歲時圓寂。他說過的每一句話都如閃閃發光的寶石，字字珠璣。有人形容趙州：「口唇吐禪意。」

有位剛出家的僧人跑來找他求道。

趙州說：「吃早飯了嗎？」

僧人說：「已經吃過了。」

「那就去洗碗吧。」老禪師的這句話，使僧人領悟了禪宗真諦。

有一天他正在掃地，一位僧人問他：「和尚是大善知識，為什麼掃地？」

趙州說：「塵從外來。」

另一次有人問他：「既是清淨伽藍[2]，為什麼有塵？」他回答：「那裡還有一點塵！」

趙州的禪寺有一座石橋很有名，是當地的景點。有位外來的僧人對他說：「我早就聽說這裡有一座著名的石橋，到了這裡卻只看到一塊石板。」

趙州說：「你看見的是石板，不是石橋。」

僧人說：「石橋在哪兒？」

趙州說：「你剛才走過的那座就是。」

其他僧人也問過趙州石橋在哪兒，趙州的回答是：「度驢度馬，箇箇度人。」

2 譯註：僧伽藍摩（samghārāma）的音譯簡稱，原意是僧眾共住的園林，即佛教寺院。（Wikipedia）

超越時空，沒有虛度

這些對話談的只是生命與自然裡的瑣碎日常嗎？沒有與心靈有關、對虔誠靈魂開悟有益的東西嗎？禪是不是太實際、太平凡了一點？從超越主義（transcendentalism）的高度陡然降低到日常瑣事，是否太過意外？這就要看你怎麼想了。我書桌上點著一支線香，這是小事嗎？地震撼動大地，震倒了富士山，這是大事嗎？答案是肯定的，前提是空間的概念依然成立。但我們真的活在一個叫做「空間」的封閉範圍內嗎？禪會立刻回答：「點燃一炷香，三界隨之燃燒。趙州禪師的茶碗裡，神女手舞足蹈。」只要你意識到空間與時間，禪就會跟你保持適當距離；你會虛度假日，輾轉難眠，一輩子活得很失敗。

請看看溈山禪師與仰山禪師的這段對話。仰山在夏季旅居即將結束時，拜訪了溈山。溈山說：「我一整個夏天都沒見到你上來，你在下面做了些什麼？」

仰山說：「我在下面耕一塊地，下了一籮粟米種子。」

溈山說：「你今夏沒有虛度。」

接著換仰山問溈山：「你夏天做了什麼？」

溈山說：「每日一餐，每夜好眠。」
仰山說：「你今夏沒有虛度。」

日常行事，皆是求道

儒家賢哲孟子說：「道在邇而求諸遠。」這句話也適用於禪。我們在最不可能找到禪的地方求道，也就是抽象的語言與形而上的微妙之處，其實禪宗真諦存在於具體的日常生活之中。曾有位僧人問禪師：「我來向您求道已經一段時間了，但是您什麼都沒有教導我。懇求您可憐可憐我吧。」禪師說：「孩子，你在說什麼呀？你每天早上對我行禮，我難道沒有回禮嗎？你端茶遞水，我沒有接過來好好享用嗎？除去這些，你還想要哪些教導呢？」

這是禪嗎？這是禪希望我們體驗的生命嗎？一位禪宗居士[3]寫下這樣的偈語：

3 譯註：此句出於唐朝的龐蘊居士。

「神通並妙用，運水及搬柴。」

看到禪是不合邏輯、非理性的描述，膽小的讀者或許會嚇到對禪敬而遠之，但我相信本章討論禪務實的一面，將可減少用智性探索禪的時候感受到的嚴厲與粗魯。禪宗真諦貴在務實而不是非理性，我們無須過度強調非理性的層面，否則只是讓一般人覺得禪宗更加難以親近。為了說明禪宗的簡單與實際，以及強調禪宗務實的一面，我將再引用幾個所謂的「公案」，這幾個公案說的都是最樸實的生活經驗。之所以樸實，是因為它們不需要觀念論證與智性分析。公案裡的禪師拿起棍子、要你去拿一件家具或只是叫喚你的名字。這些都是日常生活裡最普通的事，不特別引人注意，卻處處是禪意——就是那個被認為充滿非理性的禪，或是充滿高度思辨、人類能夠理解的禪。以下就是幾個簡單、直接、務實卻也寓意深遠的公案。

簡單務實的公案

石鞏禪師[4]曾問一位頗有造詣的同門僧人：「你能捉住虛空嗎？」

僧人說：「可以。」
「捉給我看看。」
僧人伸長手臂，張手捉了一下。
石鞏說：「就這樣？看來你不會。」
說完就捏住對方的鼻子用力拽，對方大叫：「好痛！拽得真用力！痛死我了！」
石鞏說：「這樣才能捉住虛空。」
有位僧人問馬祖禪師的弟子鹽官禪師，什麼是本身盧舍那佛？他叫僧人去把旁邊的一只淨瓶拿過來。僧人照做後，鹽官禪師又要僧人把淨瓶放回原處。僧人聽命照做。回來後，又問了一次什麼是本身盧舍那佛。鹽官禪師的答案是：「古佛過去久矣。」
若有人認為這些故事尚未完全擺脫智性的束縛，請看看南陽慧忠國師（卒於西元七七五年）的故事，他曾經一天呼喚侍從三次，三次侍從都回應了他的呼喚。

4 馬祖禪師的弟子。出家前是打獵為生的獵人。

最後他說：「我以為是我辜負了你，其實是你辜負了我。」這還不夠簡單嗎？——只是呼喚一個人的名字？慧忠國師最後的那句話，用一般的邏輯觀點或許不容易理解，但是一個人呼喚、另一個人回應，這是生活中最平凡也最實際的事情。禪說，真理就在其中。由此可見，禪是多麼貼近真實生活。禪一點也不神祕，事實就在眾人眼前：我呼喚你，你回應我。一個人說：「哈囉！」另一個人也說：「哈囉！」如此而已。

良遂禪師在麻谷禪師門下求道，麻谷連續叫喚「良遂！」三次，良遂次次回應。麻谷說：「你這個笨蛋！」良遂忽有所悟；他理解了禪，然後大聲說道：「和尚別再騙我了。如果我沒來找你，這輩子將被經論蹉跎一生。」後來良遂告訴同門求道的僧人：「你們知道的，我知道。但我知道的，你們不知道。」領悟了禪師呼喚深意的良遂說出這樣的話，是不是很奇妙？

這幾個公案，是否讓我們正在討論的主題變得更清楚、更好懂？類似的例子多不勝數，但以上這幾個例子就足以說明禪並不複雜，理解起來也不需要高度抽象思考或思辨能力。禪的真義與力量，在於它單純、直接、極度務實。「早安，你好嗎？」「謝謝，我很好。」——簡單的問候即有禪意。「喫茶去」也一樣。

勞動的僧人肚子正餓，聽見開飯的鑼聲立刻放下工作，走進齋堂。禪師一見到他就開懷大笑，因為他把禪實踐得很徹底。沒有比這更自然的事了；我們只需要做一件事：張開眼睛，就能看見禪宗真諦。

禪宗自有規範，並不放縱

但這裡有個危險的漏洞，習禪者必須小心避開。不要把禪宗和自然主義或放蕩主義（libertinism）混為一談，放蕩主義指的是順應自己的天性，不去質疑起源與價值。人類和動物的行為大不相同，動物沒有道德本能與宗教意識。動物不懂得藉由努力改善處境，或是追求更高尚的美德。石鞏禪師有一天在廚房裡忙，他的師父馬祖禪師走進來問他在做什麼。石鞏說：「我在牧牛。」馬祖說：「如何牧牛？」石鞏說：「如果牠走偏了，哪怕只有一次，我也會立刻拉著牠的鼻子把牠拽回來。」馬祖說：「你真懂得牧牛。」這可不是自然主義。而是為了做正確的事，刻意付出努力。

曾有人問一位著名禪師：「你修道時用功嗎？」

禪師說：「用功。」

「你如何用功？」

「餓了吃飯，睏了睡覺。」

「世人皆是如此，可以說大家都像你一樣用功嗎？」

「不行。」

「為什麼不行？」

「因為他們吃飯時不吃飯，腦中想著各種事情，備受干擾；他們睡覺時不睡覺，心中仍有千般計較。所以跟我不一樣。」

就算禪宗被視為自然主義的一種形式，它也是以嚴格紀律為基礎的形式。因此，禪宗可被視為自由主義，不符合放蕩主義的觀念。放蕩主義者在意志上是不自由的，被外在力量束縛著手腳，完全無助。反觀禪是絕對自由的；也就是說，禪是自己的主宰。《金剛經》最常被引述的其中一句話是「無所住」，禪正是如此。有了固定的居處就有束縛，不再純粹。以下這段對話解釋得很清楚。[5]

一位僧人問道：「心住何處即住？」

禪師：「心無住處即住。」

「云何是無住處？」

「不住一切處，即是住無住處。」

「何是不住一切處？」

「不住一切處者，不住善惡有無內外中間；不住空，亦不住不空；不住定，亦不住不定；即是不住一切處。只個不住一切處，即是住處也。」

唐朝的雪峰禪師（八二二—九〇八）在禪宗歷史上以求道認真著稱。據說他在長遊行腳時一直帶著一把勺子。他想做禪院裡大家最討厭也最辛苦的工作——廚子，勺子則象徵他的身分。他繼承德山禪師的衣缽時，一位僧人問他：「你從德山身上學到了什麼？可如此寧靜自持！」雪峰禪師說：「我空手去，空手歸。」這不正是「無所住」最務實的解釋嗎？眾僧請百丈禪師開示，他說：「你們先去種田，種完了，我再告訴你們。」眾僧結束農活後回來請他實踐承諾，他張開雙臂，一語不發。這是了不起的開示。

5 譯註：摘自大珠慧海禪師的《頓悟入道要門論》。

第七章

開悟（獲得新觀點）[1]

1 我的《禪論文集》第一卷有更詳盡的介紹，請見第一卷pp.215-50以及第二卷pp.4ff

什麼是「悟」？

禪修的目的，是獲得觀察事物本質的新觀點。如果你習慣用二元思維進行邏輯思考，趕緊戒除這個習慣，說不定就能離禪宗的觀點稍微近一點。

你和我理應生活在同一個世界裡，但誰能說擺在我窗前的、大家都稱之為石頭的那樣東西，在你我眼中是一模一樣的東西呢？你和我一起喝茶，動作看起來很像，但誰能分辨我們主觀的喝茶體驗之間存在著多大的差距呢？你喝的那杯茶毫無禪意，但我喝的這杯茶可是禪意滿滿呢。原因是：你在邏輯的範圍裡活動，而我已經跳出那個範圍。所謂的禪宗新觀點裡面沒有什麼新東西，「新觀點」只是用來描述這種禪宗世界觀時比較通俗的說法，其實用「新觀點」還是不夠到位。

獲得新觀點，禪宗稱之為「悟」或「開悟」。沒有悟就沒有禪，因為禪的生命始於「開悟」。「悟」或許可定義為直觀的洞見，與智性和邏輯思考形成對比。無論如何定義，「悟」是二元思維的混沌心智此前從未發現的嶄新世界突然在眼前展開。簡單地介紹過「悟」之後，接下來我想請讀者思考以下的「問答」，希望這些問答能把「悟」說明得更清楚。

一個年輕僧人向趙州禪師求道。

趙州說：「吃早飯了嗎？」

僧人說：「已經吃過了。」

趙州立刻說：「那就去洗碗吧。」聽到這句話，僧人立刻領悟禪宗真諦。

雲門禪師曾談及趙州禪師的回答，他說：「趙州的答案裡，有沒有任何特殊的指示？如果有，是什麼？如果沒有，這名僧人悟到的是什麼？」後來翠巖禪師反駁了雲門禪師的看法：「雲門禪師不識好惡，才會說出這樣的評論。完全多此一舉，簡直是畫蛇添足、幫太監畫假鬍子。我的看法跟他不一樣。那名僧人看似開悟，其實如箭一般快速奔向地獄！」

以上這些話到底是什麼意思？——趙州叫僧人去洗碗，僧人開悟，雲門的模稜兩可，翠巖的武斷評論。他們是針鋒相對，還是小題大做呢？我認為他們各自指著不同的方向，那名僧人要往哪個方向走都行，他的「悟」不會是白費力氣。

德山禪師是《金剛經》專家，把《金剛經》研究得很透徹。他聽說南方有一種摒棄文字、直接觸碰靈魂的東西叫禪宗，於是他直接去向龍潭禪師求道。一天，德山禪師坐在戶外，努力思考禪宗奧秘。龍潭禪師說：「你為什麼不進來？」德山說：「外面黑。」龍潭為他點燃蠟燭，遞給他。德山伸手要接蠟燭時，龍潭將蠟燭吹滅，德山頓悟。

百丈禪師有一天陪馬祖禪師外出，他們看到一群野鴨飛過。馬祖問道：

「那是什麼？」

百丈說：「野鴨子。」

馬祖問：「牠們要飛去哪兒？」

百丈說：「飛過去。」

馬祖突然伸手捏住百丈的鼻子用力扭。百丈痛呼：「喔！喔！」

馬祖說：「你說牠們飛過去，但牠們明明一直都在這裡。」

百丈驚出一身汗，因此頓悟。

洗碗、吹蠟燭、捏鼻子之間有什麼關聯嗎？套用雲門禪師的話：如果沒有，他們怎麼可能頓悟禪宗真諦？如果有，這種內在關係是什麼？這種「悟」到底是什麼？這種新觀點又是什麼？

無法闡明的「悟」

宋朝的大慧禪師[2]門下有一個僧人叫道謙，他習禪多年卻一直沒有長進，參不透禪宗奧義。有一次他被派去遙遠的城市辦事，這令他倍感沮喪。去一趟得花半年，對他的修行只會造成妨礙，沒有任何幫助。他的同門僧人宗元非常同情他，主動表示：「我陪你一起去，我會盡力幫助你；誰說在路上不能參禪。」有天晚上，道謙難過地懇求宗元幫他解答生命的奧秘。宗元說：「我願意盡我所能幫助你，但有些事我愛莫能助；有些事你只能靠自己。」道謙問是哪些事。宗元說：「著衣，吃飯，屙屎，放尿，馱個死屍路上行。」聽了朋友的一席話，求道的道謙頓然開悟，不覺手舞足蹈。宗元說，他的任務到此結束，繼續陪伴道謙也沒有意義，所以他留下道謙獨自完成接下來的旅程。半年後，道謙回到禪院，正要下山的大慧剛好碰見他，大慧開心地說：「這回他脫胎換骨了。」我想問的

2 一〇八九－一一六三，法嗣圜悟克勤禪師。

是，宗元說出如此平凡又實際的建議，道謙頓悟了什麼？

香嚴禪師是百丈禪師的弟子。百丈圓寂後，香嚴參學於溈山禪師（百丈禪師的首座弟子）。溈山禪師問香嚴：「聽說你跟著百丈先師修行時非常聰明伶俐。但是用這種方式參禪，必然是智性分析的理解，沒多大用處。話雖如此，你對禪道或許已有自己的見解。說說生死根本，也就是父母生下你之前，你的本來面目。」

香嚴不知道怎麼回答。他回到寢室，認真翻閱百丈先師的講道筆記卻找不到能幫他想出答案的段落。他回去找溈山禪師，懇請禪師傳授禪理。溈山禪師說：「我沒什麼可以傳授給你，如果我真這麼做了，你反而會罵我。而且我能傳授你的東西只屬於我，永遠不會屬於你。」香嚴很失望，他認為溈山禪師缺乏慈悲。他決定燒掉所有的筆記，因為這些顯然對提升心靈沒有幫助。於是他離群索居，遵循佛教清規過著孤獨而簡樸的生活。他認為：「學佛法有何用？佛法難以參透又太過奧妙，沒辦法靠別人傳授。我不如做個行腳僧，不再耗費心神去追求太過深奧的道理。」他離開溈山禪師，在南陽慧忠國師的故居附近蓋了小屋居住。有一天他在除草和掃地的時候，一顆石頭被他掃到後擊中竹子，這出乎意料的聲響使他頓然開悟。他感受到無比喜悅。他明白了溈山禪師的提問，彷彿見到逝去的雙親。此外，他也明白溈山禪師是出於慈悲才拒絕指導他，因為現在他知道要是當初溈山禪師把一切說破，他不會有機會開悟。

禪師不能透過闡釋的方式，讓每一個弟子都開悟嗎？悟是無法用智性分析的嗎？是的，悟是一種再多解釋、再多論證也無法傳授給他人的經驗，只能靠自己體會。

如果悟是可以分析的，而且經由分析可以讓從未開悟的人理解悟，那麼悟就不是悟了。一旦悟變成一種概念，悟就不再是「悟」，也不再有禪的體會。因此，禪宗的傳授僅能靠指示、暗示或是指點方向，把習禪者的注意力引向目標。至於如何達成目標與掌握目標，別人無法代勞，只能靠自己。

指示無處不在。心成熟到準備開悟時，悟俯拾皆是。一個聽不清楚的聲音，一句平淡無奇的話，一朵盛開的花，或是像絆倒這樣的瑣碎小事，都是可以讓人開悟的條件或契機。表面上看來微不足道的事件，造成完全不成比例的重要結果。輕碰引線，就能觸發地動山搖的爆炸。開悟的原因與條件早已在心中，靜待時機成熟。當心已做好準備，任何事都能讓你立刻回到最初的家，可能是鳥兒飛過天際，也可能是悠揚的鐘聲。而回到最初的家，就是找到當下的真實自我。從一開始就毫無隱藏，你想看見的一直都在你眼前，只是你閉上了眼睛，看不見真相。所以禪宗什麼都不解釋，什麼都不教導，因為這麼做不會讓你明白得更多。除非自己體悟，否則任何知識都不是真正屬於你，就像把別人的羽毛插在自己身上。

「悟」是內在感知，回歸本心

宋朝詩人、官居太史的黃庭堅曾參謁晦堂禪師。禪師說：「論語裡有個段落你非常熟悉，它講的正是禪宗思想。孔仲尼不是說過：『二三子以我為隱乎？吾無隱乎爾者。』」黃庭堅想要回答，但晦堂禪師立刻阻止他。禪師說：「不是，不是！」這令黃庭堅感到困惑不已。後來他們在山間散步，當時桂花盛開，香氣襲人。禪師問：「你聞到花香了嗎？」黃庭堅說聞到了。禪師說：「吾無隱乎爾。」這句話使黃庭堅茅塞頓開，迎來開悟。

這些例子足以說明悟是什麼，以及悟如何開展。讀者或許會問：「看了你的說明或指示之後，我們沒有變得更明白。如果真有『悟』這種東西的話，能不能具體描述一下？你的例子跟敘述都是不錯的嘗試，但我們只知道了風怎麼吹，哪裡才是船最後靠岸的港口呢？」

習禪者可能會如此回答：就內容而言，悟和禪都無法用智性能理解的方式描述、呈現或證明。禪與概念無關，悟則是一種內在感知——不是對個別物體的感知，而是對現實本身的感知。悟的終極目標是自性，回歸內在本心是悟唯一的方向。所以，趙州禪師說：「喫茶去。」南泉禪師說：「我這把鐮刀使得正快。」這就是自性在發揮作用。如果自性真能被捕捉到，勢必要趁它正在發揮作用的時候。

徹底開悟

悟發生於存在的主要根基上，因此開悟通常是一個人生命的轉捩點。但開悟必須是徹底而明確的，半吊子的開悟（如果也算開悟的話）比不開悟還糟糕。看看下面的例子：

臨濟禪師乖順地接受黃檗禪師打三十棍，看上去很可憐，但是頓悟之後他猶如脫胎換骨。他的第一句感嘆是：「原來黃檗的佛法沒什麼嘛。」他再次碰到壞脾氣的黃檗禪師時，直接呼了他一巴掌。或許有人會說：「真是傲慢無理！」但臨濟禪師這麼粗魯其來有自。難怪黃檗禪師對這一巴掌感到很滿意。

德山禪師開悟後，馬上把他珍惜到隨身攜帶的《金剛經》注疏一把火燒掉。他說：「深奧的學問鑽研得再深，也不過是飄盪在太虛裡的一根髮絲；俗世經驗再怎麼了不起，也不過是落入深壑的一滴水。」

前面提過馬祖禪師與百丈禪師看見一群野鴨子飛過天際。隔天，馬祖禪師來到禪堂準備為眾弟子講道，佛像前鋪著讓禪師跪坐的席子，這時昨天鼻子被扭到變形的百丈走到前面把席子捲起來。這個動作通常代表講道已結束。馬祖禪師沒有阻止他，直接離開禪堂，回到自己的禪房。他派人去叫百丈過來，問百丈為什麼在他開口說話之前就把席子捲起來？百丈說：「昨天你扭我的鼻子，很痛。」馬祖禪師說：「昨天你的心思在哪裡遊蕩？」百丈說：「今天鼻子不痛了。」聽到這句話，馬祖認為百丈已了悟。

以上的例子足以說明一個人開悟之前，心裡發生過怎樣的變化。這些僧人在開悟之前是多麼地無助！他們就像迷失在沙漠裡的旅人。但是開悟之後，他們猶如胸有成足的帝王；他們不再是任何人的奴隸，而是自己的主宰。

開悟的重點

看完開悟的例子之後，觀察與總結關於開悟的幾個重點如下。

一、世人經常想像禪修是透過冥想產生的自我暗示狀態。前面各種開悟的例子告訴我們，這完全是一種誤解。開悟不是預先設定一個狀態，再藉由專注思考去達成這種狀態，而是獲得看待事物的全新觀點。自從意識形成以來，人類一直被引導要用某種概念和分析去回應內在與外在情況。禪修就是徹底打破這個基礎，然後在全新的基礎上重建舊框架。因此，冥想形而上與象徵性的陳述（兩者都是分別心意識的產物）不是禪修。

二、沒有開悟，就無法進入禪宗真諦。開悟是做夢也想不到的全新真理突然閃現在意識裡。有點像是累積了許多智性與論證之後，突然發生一場精神上的浩劫。累積的高樓達到臨界點，瞬間崩塌，看哪，一片新的天空向你敞開。水達到冰點瞬間結成冰，液體變成固體，不再自由流動。當一個人感到自我的存在已耗盡，悟乍然降臨。在宗教上，這是獲得新生；在智性上，這是獲得新觀點。眼前的世界彷彿換上新衣，把二元思維的醜陋全部遮起來，佛教術語稱這種醜陋為幻相。

三、悟是禪存在的理由，沒有悟，禪就不是禪。因此，所有的努力，無論是修行還是理論，目標都是開悟。

禪師不想耐心等待悟自動地、零星地出現，或是不按牌理出牌地出現。他們積極幫助弟子悟道，看似神秘難解的教導其實是為了幫弟子創造一種精神狀態，這種精神狀態以更有系統的方式開闢通往悟的道路。

迄今為止，大部分的宗教與哲學領袖提出的智性論述和循循善誘，都無法達成預期中的效果，他們的弟子反而離目標愈來愈遠。佛教剛傳入中國的時候就是如此，佛教帶有印度傳統形而上的抽象思想與最複雜的唯識體系，講究務實的中國人不知道如何理解釋迦摩尼的中心思想。菩提達摩、六祖惠能、馬祖禪師與其他中國禪師都注意到這件事，因此禪宗的主張與發展是自然的結果。在他們看來，開悟比研讀和討論佛經更加重要，悟即是禪。沒有悟的禪，就像不辣的胡椒。不過，要避免對開悟的體驗太過執著。

四、禪對開悟的重視，突顯出禪宗不同於印度和中國其他佛教派別的「禪定」體系。禪定通常指的是針對特定思想進行冥想或沉思；禪定在小乘佛教裡是無常，在大乘佛教裡是空性。

心得到夠多的訓練，達到不存留一絲意識的純粹空無，連無意識也感受不到；也就是說，任何形式的心理活動都被趕出意識，心如萬里無雲的晴空、一片蔚藍，就是極致的禪定境界。有人稱之為狂喜或出神，但這不是禪。禪離不開悟；必須發生全面的心理動盪，摧毀日積月累的舊思維，並且為新生活奠定基礎；必須要有新的意識覺醒，從過去想像不到的角度審視原有的事物。這些都不是禪定，因為禪定只是靜心的練習。禪定當然有好處，但禪定不能等同於禪。

五、開悟不是理解上帝的本來面目，這是某些基督教神祕主義者的主張。禪從一開始就把主旨說得很明白，而且態度堅定，那就是洞察創造的過程；造物者有可能忙著塑造宇宙，又或是暫時離開他的工坊，但禪是片刻不停歇的。禪不仰賴造物者的支持；領悟了活下去的理由，禪就心滿意足了。

五祖法演禪師常常伸出手，問弟子手為什麼叫做手。知道這個答案，悟和禪就近在咫尺。相反地，神祕主義的上帝掌握的是具象物體，因為信上帝，「非上帝」的一切都被排除在外。這是自我限制。禪追求絕對的自由，連上帝也束縛不了禪。「無所住」就是這個意思；「念佛一聲，漱口三日」也是同樣的道理。這並不是因為禪要惡意褻瀆神佛，而是禪知道「名稱」是不完整的。藥山禪師被請上台說法，他一句話也沒說就走下講壇，回到自己的房裡去。百丈禪師只是往前走幾步，然後立定不動，張開雙臂；這是他對同一個大原則的闡述方式。

六、悟不是有病的心理狀態，不適合用變態心理學來研究。恰恰相反，悟是一種完全正常的心態。

我說悟是一種心理動盪，有些人或許會因此認為一般人應該對禪敬而遠之。這是對禪的嚴重誤解，但遺憾的是，有偏見的批評者常抱持這樣的誤解。趙州禪師說：「平常心是道。」門向內開還是向外開，取決於鉸鏈怎麼安裝。甚至有可能眨眼之間情勢驟變，這就是禪，而你一如往常既完美又正常。除此之外，你還得到全新的東西。你的心理活動換上不一樣的主軸，這個新主軸為你帶來超越以往的滿足、平靜和喜悅。生命的色彩也變了。禪悟使人重獲新生。春天的花朵看起來更美，山溪更清涼剔透。帶來這種狀態的主觀革命，不能用異常來形容。

悟讓生命變得更有樂趣、更寬廣，把宇宙也包含在內，悟裡必定有相當珍貴、值得追尋的東西。

第八章

公案[1]

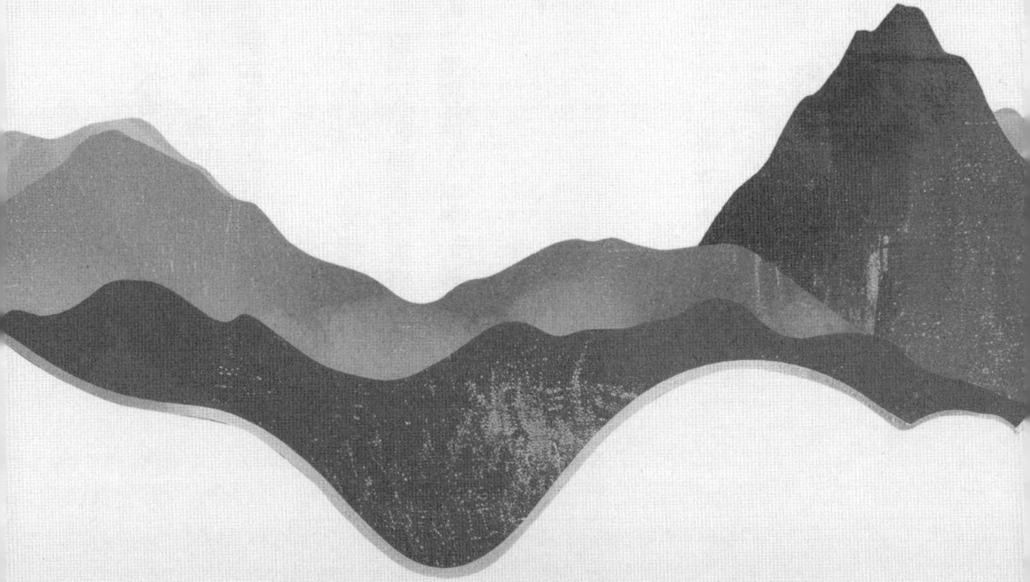

1 關於公案，我的《禪論文集》第二卷有更完整的討論。

禪是東方獨特的心靈產物，從實踐的角度來說，禪的獨特性在於它以有系統的方式修心，為心做好開悟（心靈所有奧秘獲得解答）的準備。禪或許可說是一種神秘主義的形式，但它的體系、修行與最後的悟道都與神祕主義的其他形式大相逕庭。我指的是參禪使用的公案與坐禪。

坐禪的梵語叫 dhyana（禪定），意思是盤腿靜坐、沉思冥想。坐禪起源於印度，後來傳播至整個東方世界，至今已有幾百年歷史，現代的習禪者仍嚴格遵循坐禪練習。可以說，坐禪是東方盛行的靈修方法，但是坐禪搭配公案是禪宗特色，只此一家，別無分號。

三學：戒、定、慧

完整解釋坐禪不是本章的目的，本章的主旨是討論公案，這是遠東地區禪宗的主要特徵。禪定最初是佛教「三學」裡戒（sila）、定（dhyana）、慧（prajna）的「定」。虔誠的佛教徒應當遵守佛陀留下來的道德戒律，熟記控制狂躁情感的方法，並擁有足夠的智慧[2]去理解佛教玄學發展過程的複雜邏輯。戒、定、慧缺一不可，少了一項就是有待改進的佛弟子。不過佛教隨著時間產生變化，有些佛教徒漸漸變得更加注重三學裡的其中一學。有些佛教徒重視「戒」，有些著重於「定」的練習，有些全心鑽研佛教教義裡關於「慧」的精妙思想。我們可以將禪修視為「定」的修行，但禪修的「定」不再是原始定義的「定」。雖然「定」是源自印度的靈修形式，但禪修的「定」已有屬於自己的目標。

根據開創天台宗的智者大師在《釋禪波羅蜜次第法門卷》裡引述的摩訶衍偈說，練習禪定的目的是滿足虔誠佛教徒都珍視的四弘誓願[3]：

禪為利智藏，功德之福田。
禪如清淨水，能洗諸欲塵。
禪為金剛鎧，能遮煩惱箭。
雖未得無為，涅槃分已得。
得金剛三昧，摧碎結使山。

2 慧（prajna）是直覺的最高力量，喚醒我們靈魂深處的生命，自然也遠遠超出了單純的智性範疇。如欲深入了解，請參考《禪論文集》第三卷。

3 一、眾生無邊誓願度。二、煩惱無盡誓願斷。三、法門無量誓願學。四、佛道無止誓願成。

得六神通力，能度無量人。
囂塵蔽天日，大雨能淹之。
覺觀風動之，禪定能滅之。

Dhyana的字根dhi的意思是「感知」、「省思」、「專注」；而從字源意義上來說，dhi也與dha有關，意思是「擁有」、「保留」、「維持」。因此dhyana意味著思想專注，不要偏離正道；也就是說，心思集中於一處。禪修或禪定時，須控制外在俗務干擾，使心靈進入超越強烈情感和感官動盪的最佳狀態。例如飲食控制得宜，不過度貪睡，身體保持輕鬆舒適，但姿勢要端正。調節呼吸，這方面印度人是專家。其次，禪定地點的選擇也很重要，當然應避免像市場、工廠、辦公室這樣的地方。與控制身心相關的規則和建議還有很多，請參考智者大師的《釋禪波羅蜜次第法門卷》。[4]

公案與坐禪缺一不可

從以上關於禪定的簡短介紹可看出，習禪者坐禪通常與佛教徒有著不一樣的目的。禪宗的禪定或坐禪，是為了把公案想清楚。坐禪本身並不是禪修的目的，因為除了練習公案之外，坐禪只是次要的考量。想要參悟禪理，坐禪肯定是必要的輔助方法。即使已經理解公案，如果沒有好好練習坐禪，習禪者也無法真正領悟公案的奧義。公案與坐禪是禪宗的兩個僕人；前者是眼睛，後者是腳。

佛教剛傳入中國的時候，積極學佛的人一開始感興趣的是哲學上的討論，所以《華嚴經》、《法華經》、《般若經》、《涅槃經》等佛教經典很早就有中譯本。中國學者最感興趣的是經文裡深刻的形而上思想，這使得其他內容相形失色。或許是受到鳩摩羅什大師的影響，中國佛教徒對於掌握佛經裡的知識相當積極，其次才是倫理方面的研究。西元六世紀禪宗初祖來到中國時，大家視他為邪說異端。佛教學者不了解他，也不喜歡他。六祖惠能原本沒沒無聞、韜光養晦，後來以正統禪宗傳人的身分弘揚佛法，儘管如此，其他的禪定修行者仍未注意到他。根據早期的中國佛教傳記以及討論禪定的佛教經典譯本，當時禪定或坐禪主要遵循的是小乘佛教傳統。惠能之後又過了一、兩個世代，才出現我們現在熟知

4 若想了解日本的坐禪，請見我的著作《禪論文集》第二卷，pp.284-7

的禪宗，它快速開枝散葉，讓其他宗派黯然失色。目前中國的佛教寺院全都屬於禪宗，而且大部分是臨濟宗。[5]禪宗之所以大獲全勝，其中一個原因正是藉由坐禪參透公案進而達到開悟。

公案是什麼？

公案字面上的意思是「官府的文書」或「官方法規」——公案一詞在唐朝末年開始流行。時至今日，公案成了古代禪師的趣聞軼事、禪師與僧人之間的對話，或是師父提出的陳述或問題，這些公案都是明心見性、參禪悟道的手段。一開始，我們所理解的公案當然並不存在。公案是內心豐盈的禪師設計的人為工具，希望藉此幫助慧根不足的弟子領悟禪理。

無法棄之不用的人為公案

其實讓心自己去摸索，它或許也能獨立成長，只是人類不一定能夠耐心等待，總是喜歡出手干預。人類缺乏耐心，一看到可以介入的機會，就絕對會介入。這樣的干預有時候有用，有時候完全沒用。通常兩種情況都可能發生。

若是利大於弊，人為干預多多益善，我們稱之為改善和進步。若是弊大於利，那就是退步了。文明是人造產物；有些人對人類文明不滿意，想要回歸自然。所謂的現代進步絕對不是全然的幸福，雖然整體而言，至少在物質生活方面，我們似乎過得比以前更好，也確實看見進步的種種跡象。因此，我們通常不會強烈表達不滿。

同樣地，純粹、自然、基本的禪宗引入公案這套系統，既是退步也是進步。只是這套系統一旦開始使用，就似乎很難捨棄。當然，禪師同情慧根比不上自己的習禪者，認為他們可能會因此失去開悟的機會，這也是人之常情。如果可以的話，他很想把自己悟道時感受到的美妙至福分享給大家。慈母般的本能促使他想方設法，幫助或甚至強迫弟子打開心眼，看見開悟的未知美好；若任由他們無知

5 目前中國的佛教是禪宗加上淨土宗的奇特組合，但多數寺院都自稱屬於禪宗，吟誦的經典包括淨土宗的《阿彌陀經》與禪宗的《心經》。

摸索，想開悟只能碰運氣了。

禪師知道公案是人為的、多餘的；不是誕生於內在活動的禪就不可能是真實的，也不可能充滿有創意的生命力，而這兩種特質都是禪應當具備的。但如果真正的目標很難達成且數量稀少，有類似的仿品也不錯；何況若是放著不管，它很可能會逃出人類的經驗範圍，消失得無影無蹤。雖是相似的仿品，卻未必是臨時堪用的替代品，有時也可能蘊含正確且充滿可能性的涵義；只要運用得宜，公案與坐禪確實能助人悟道。既然如此，我們何不善加利用呢？

禪師最初也是從零開始；他們沒有受過學校教育，也沒有在大學修過特定的課程，一切出於強烈的內在渴望，他們因此受到啟發，不由自主在生活中汲取他需要的任何知識。他們自己成就了自己。當然他們也有老師，但老師提供的幫助和現在的老師不一樣，現代的老師教導過度頻繁、處處小心，提供超過學生真實需求的幫助，反而有害無益。古代禪師不使用柔性教育（soft education），卻因此更加強大、堅毅。正因如此，禪宗在發展初期（唐朝）才會那麼盛行、那麼光芒萬丈。公案在宋朝開始流行，當時禪宗的鼎盛時期步入尾聲，漸漸衰落。

最初的公案

以下這個公案，是當時習禪者用來練習的首批公案之一。惠明向六祖惠能求道，惠能說：「不思善，不思惡，惠明出生前的本來面目是什麼？」（讓我看看這個「面目」，你就能參透禪的奧義。亞伯拉罕出生前的你是什麼人？當你與這個人密切深入交談過，你會更清楚自己是誰、上帝是誰。六祖要惠明與這個原始人物握手，或是從形而上的角度來說，是要他與內在的自我握手。）

惠明聽到這個問題時，其實已做好開悟的準備。提問僅是表面，實際上它是一種肯定，目的是要打開對方的心。六祖看見惠明的心已在悟道邊緣。

惠明在黑暗中苦苦摸索了很久，現在他的心已經成熟，猶如枝頭上成熟的果實，輕輕搖晃就能落地。他的心也僅需要禪師伸手輕輕一點。六祖問惠明的「本來面目」就是必要的最後一點，惠明的心瞬間頓悟。

拿「本來面目」去問一個禪修資歷不如惠明的初學者，通常是為了點醒學生的心靈，要他明白他一直習以為常的事實或邏輯上的不可能其實不一定正確，他過往的觀點不一定成立，對他的心靈也不一定有益。明白這一點，習禪者才能認真思考六祖的那句話，並努力探究其中的深意。

公案是開悟的催化劑

公案的目的就是強迫習禪者追根究柢。習禪者必須帶著探究的態度繼續學習，直到來到心靈懸崖的盡頭，除了一躍而過，別無選擇。放棄自己對生命的最後一絲執念，將會帶領習禪者看清自己的「本來面目」。這是六祖禪師那句話的用意。

顯然，現在我們對待公案的方式已經不同於以往。

如前所述，惠明的修行已累積到了頂點，此時他得到六祖最後的點化。六祖不是在他剛開始禪修的時候提出這個問題，而是在他禪修的終點問他。時至今日，公案是禪修的入門功課；在追求開悟體驗的賽道上，提供了最初的推助力。起初或多或少是照本宣科、按表操課，久而久之，習禪者的修行更加成熟，為悟道做好準備；公案就像酵母一樣。條件充分時，讓心靈如花朵完全綻放，徹底開悟。以公案做為啟迪心靈、窺見自身祕密的手段，是現代禪宗的特徵。

孤掌之聲

白隱禪師舉起一手，要求弟子聽聽隻手之聲。正常情況下，雙手拍擊才能發出聲音，單手不可能有聲音。但是白隱想要撼動日常經驗的根基——這是建立在所謂的科學或邏輯之上的。若要以禪的體驗為基礎去打造新秩序，就必須從根本上推翻常規。所以白隱才會對弟子提出這個看上去最不自然也不合邏輯的要求。

前一個公案與「面目」有關，這個公案則是訴諸聽覺，和「聲音」有關。但兩個公案有一樣的終極目的，那就是打開心靈的密室，習禪者可在這裡找到無數寶藏。視覺和聽覺都與公案的主旨無關；禪師都說，公案只是一塊敲門磚，是指著月亮的食指。公案只是用來組合或超越（兩種說法皆可）感覺的二元思維。

心無法自由聽見單手發出的聲音，就表示它受到限制並且自相矛盾。這樣的心理解不了造物的奧秘，還會無可救藥地陷入相對性和膚淺的表相。唯有掙脫枷鎖，心才能帶著幸福感看待世界。其實一隻手發出的聲音向上直達天堂，向下直達地獄，如同人的本來面目能一眼望盡大千世界，甚至看到時間的盡頭。白隱禪師與六祖惠能攜手站在同一個講壇上。

公案要在內心得到滋養才能開花結果

讓我再舉一例。有僧人問趙州禪師，菩提達摩到東方來的意義（也就是請教基本的佛法），趙州答：「庭院裡的柏樹。」

僧人：「你說的是客觀象徵。」

趙州：「不，我說的不是客觀象徵。」

僧人：「那麼至高的佛法到底是什麼？」

趙州：「庭院裡的柏樹。」

這也是適合初學者的公案。

抽象地說，即使從常識的觀點看來，我們也不能說這些公案是毫無意義的。若我們想用智性討論公案，或許也不是不行。例如有人認為白隱的一隻手象徵宇宙或象徵未受制約，趙州的柏樹是至高佛法的具體表現，透露出佛教的泛神論傾向。但藉由智性理解公案，這就不是禪了；公案也絕對不是形而上的象徵。

禪絕不能與哲學混為一談；禪自有其立足的理由，這個事實不容忽視；否則禪的結構將分崩離析。「柏樹」永遠是柏樹，與泛神論或任何「主義」無關。就算用最寬廣、最通俗的定義來看，趙州也不算是哲學家。他是不折不扣的禪師，他說出口的一切都直接來自他的靈性經驗。因此，少了這樣的「主觀主義」（subjectivism，雖然禪沒有「主觀與客觀」、「想法與世界」等二元思維），「柏樹」將完全失去意義。

如果禪師的話是智性上或概念上的陳述，我們或許能透過思考推理來理解其中的涵義，然後想像自己解決了難題。但即便如此，禪師會告訴你禪仍在三千里外，趙州的靈魂會在你參不透的簾幕後面偷偷笑你。公案要在內心深處得到滋養，那是邏輯分析到達不了的地方。等到心成熟到與趙州的心境有著相同頻率時，「柏樹」的意義就會顯現出來，你會深信你已明白一切，不需要繼續詰問。

公案就是要讓人百思不得其解

趙州過世後，有人問他的弟子覺鐵嘴，趙州是不是真的曾用柏樹來回答關於佛法的提問？覺鐵嘴毫不猶豫地說：「先師沒說過那句話。」這與事實完全相反，因為大家都知道趙州說過那句話，向覺鐵嘴提問的人也心知肚明。他之所以提問，是想要知道趙州的弟子對這個故事的寓意有什麼看法。於是他再次問覺鐵嘴：「大家都知道趙州說過那句話，你為什麼不承認？」覺鐵嘴說：「先師確實沒說過，請不要誹謗他才好。」

多麼膽大妄為的一句話！但是參禪的人都知道，覺鐵嘴斷然否認恰好證明了他已徹底領悟趙州的精神。他的確已經悟道。只是從常識的觀點來說，再多的智性分析也解釋不了他的斷然否認與事實本身如何並存。所以碰到那些認為柏樹公案表達大乘佛教屬於泛神論的人，禪總是嚴厲以對。

一路看到這裡，我們知道公案通常會切斷合理化的所有途徑。向禪師求道時（參禪），你才提出幾個想法腦袋就山窮水盡了，這種思考的絕境正是參禪求道的契機。沒有經歷一遍，就無法走進禪裡。當公案令你百思不得其解，就已經達成一半的目標。

用傳統的方式來說（我想這會讓一般讀者更容易理解禪），我們心裡有些未知的深處超出了結構相對完整的意識範圍。叫它們「潛意識」或「超意識」都不正確。使用「超出」這個詞，只是為了方便表達它們的位置。事實上，意識不會被「超出」，也沒有上下之分。

心是不可分割的整體，也不可能被撕碎。所謂的未知領域，是禪對我們習慣的說話方式做出讓步，因為我們所知道的意識領域裡充斥著概念上的烏合之眾，擺脫它們是邁向開悟的必要條件；有時候禪師就像心理學家，指引我們看見內心隱藏的角落。雖然實際上什麼隱藏的角落並不存在，我們心裡僅有日常意識，但為了方便理解，我們還是這麼叫它。等公案打破通往終極真理的一切阻礙後，我們才會發現「內心隱藏的角落」並不存在，連總是神祕難解的禪理也不存在。

衝破公案的鐵壁

公案不是謎語，也不是機智的俏皮話。公案有明確的目標：引起懷疑，然後追根究柢。建立在邏輯上的陳述可透過理性探索；無論我們對它有怎樣的懷疑或難處，只要順應想法的自然流向就能迎刃而解。河流一定會流入大海，而公案就像銅牆鐵壁，再怎麼用理智去衝撞也無法通過。

聽見趙州說「庭院裡的柏樹」，或是看見白隱舉起一隻手，都無法用邏輯去解釋。你會覺得思路碰壁了。你感到猶豫、懷疑、煩惱、焦躁，不知道怎麼衝破這堵看似堅不可摧的牆壁。一旦被逼到極致，你的人格、內在意志、最深層的本性都決心要解決問題，直到心中徹底放下自我或無我、這個或那個，毫無保留地直接衝破公案鐵壁。像這樣用全部的生命去對抗公案，將出乎意料地開啟心中的未知領域。

從智性上來說，這是超越邏輯的二元思維；但與此同時它也是一種重生，一種內在感受的覺醒，使我們有能力洞察世事的實際運作。公案的涵義從未如此清晰，如同我們知道冰是極度低溫的。眼睛看東西，耳朵聽聲音，但是開悟是整個心靈的事。開悟是一種感知行為，這點毫無疑問，但它是最高層次的感知。這就是禪修的價值所在，因為它使人堅信這世上確實有超越單純思考的存在。

一旦衝破公案鐵壁，掃除智性障礙，你就會回到結構相對穩固的日常意識裡。一隻手拍不出聲音，兩隻手才可以。柏樹在窗外挺立，人類的鼻子是直的、眼睛是橫的。禪是世上最普通的存在。過去我們認為遠在天邊的禪，現在近在咫尺，日日夜夜浸淫其中。開悟之後，再次看見熟悉的世界、萬物和思想以及它們的邏輯性，我們會說「真好」。

公案存在的必要性

公案制度出現之前，禪宗或許比較自然純粹，可是能夠領略禪宗精神的人寥寥無幾。假設你生活在那個年代，碰到有人用力搖晃你的肩膀時，你會怎麼做？要是有人叫你乾屎橛，你會怎麼想？或是禪師請你去拿坐墊，結果他接過坐墊後卻往你身上扔？如果你有鋼鐵般的決心要探索禪宗真諦，而且堅若磐石地相信禪的「合理性」，那麼在經過多年的打坐冥想之後，或許能成功悟道；但這樣的例子在我們生活的現代社會極其少見，我們被各種俗務搞得無法專心，所以沒辦法靠自己走出禪宗迷宮。

唐代早期的人比較純樸、心胸也比較開放，他們心裡沒有塞滿智性偏見。不過這種情況不可能維持太久，這是自然規律；為了延續禪宗的生命力，必須設法讓禪宗變得平易近人，被更多人喜歡。公案的練習就是這樣產生的，這對後世的子子孫孫都有益處。雖然從禪宗的本質上來說，它永遠不可能像淨土真宗和基督宗教那樣流行，但我認為公案制度是禪宗能夠傳承數百年的主要原因。禪宗發源於中國，但今日的中國禪宗已失去當初純粹的形式。禪宗法脈在中國已斷絕，與淨土宗的念佛修行混為一談。禪宗僅在日本蓬勃發展，習禪者仍以正統方法禪修。我們有充分理由相信，原因正是公案與坐禪的練習。公案是人為的而且潛藏危機，這一點無庸置疑，但只要運用得當，公案是禪宗得以延續生命的工具。追隨優秀禪師認真求道的人都有機會得到禪的體驗，也一定會進入開悟狀態。

也就是說，透過特定的訓練過程，一定可以達成禪的體驗。這種訓練正是目標明確的公案制度。

禪不像其他形式的神祕主義那樣，把一切交給偶然或難以掌握的運氣。公案是系統化的練習，這也是禪宗最重要的特色之一。因為有公案，禪才沒有淪為出神恍惚、陷入單純的默觀、變成靜心的練習。禪的目的是在實踐生命的過程中掌握生命；為了探知生命而中斷生命的流動，這不是禪要做的事。心境裡時時有公案，也就是說，心裡活動不停。開悟就是在這樣的活動中實現的，而不是像有些人想像的那樣，壓抑心思才能開悟。禪宗與一般人理解和練習的「冥想」大不相同，了解公案之後，我們也更加了解兩者的差異。

公案是日本禪宗的根基

禪宗的系統化最早始於中國的五代時期，也就是西元十世紀。但直到日本德川時期，聰明的白隱禪師將系統化發展得更加完備。即使有人批評公案的濫用，但確實是公案拯救了日本的禪宗，使其不致覆亡。想想中國禪宗的下場吧。就我們所知，禪宗在中國已名存實亡。反觀現今日本曹洞宗弟子的禪修趨勢，高下立現。不可否認的，曹洞宗有很多值得細究的優點，但是從實踐的角度來說，採用公案練習的臨濟宗或許更加活躍。

或許有人會說：「若禪宗果真如你說，遠遠超出了智性的範圍，就不應該有任何系統才對呀。事實上，系統本身就是一種智性概念。禪宗如果要言行一致的話，就應該堅持簡單的純粹經驗，排除任何流程、系統或規矩。公案是多餘的、沒必要的，更是矛盾的。」

理論上，或者說在絕對的觀點上，這種說法完全正確。對禪有了「直接了當」的理解就不再需要公案，也不需要拐彎抹角的說明。只要一根棍子、一把扇子或一個字就足夠！甚至當你說出「這是棍子」或「我聽見一個聲音」或「我看見拳頭」時，禪就已經消失。禪如同一道閃電，沒有能讓想法形成的空間和時間。我們只有在討論禪的務實或傳統時，才會提到公案或制度。前面提過，這本書用通俗的方式介紹禪，既是辯護也是妥協；禪宗的系統化更是如此。

公案充滿矛盾

在外人看來，這種「系統化」似乎不算是系統化，因為公案裡充滿矛盾，連禪師自己對公案也多有歧見，頗為難堪。這位禪師果斷說是如此，那位禪師卻直接否決或甚至不屑地嘲諷。門外漢想要搞清楚這些永無止境的爭論，只能霧裡看花。事實上，悟禪不能只看表面；制度、理性、一致、矛盾、不協調等詞彙，都屬於禪的表面。若要理解禪，就得把整塊錦緞翻過來，仔細查看它的背面，如此才能看清複雜的紗線經緯。這種顛倒秩序是禪修不可或缺的功夫。

一根拄杖

舉個例子來看看不同的禪師怎麼處理這件事。唐朝的汾陽禪師說：「一個人識得拄杖，參禪就大功告成了。」這個公案似乎非常簡單。禪師通常都會帶著一根長棍（拄杖），現在已被視為宗教權威的標誌。其實在古時候，這根長棍是跋山涉水的輔具。它是大家最熟悉的物品之一，禪師對弟子講道說法時手裡總是拿著拄杖；僧人熱烈討論時，拄杖也經常成為主題。

湫潭禪師顯然不同意汾陽禪師的看法，他說：「一個人識得拄杖，入地獄如箭射。」果真如此，就沒有人敢學禪了；但湫潭禪師到底想說什麼？破庵禪師也對這根拄杖提出一個不算激進的見解，他用理性無害的態度說：「一個人識得拄杖，就把它靠在牆上。」這幾位禪師講的都是同一件事、指明同一個真理嗎？又或者他們不僅說法不同，談的事實與真理也是彼此矛盾的？讓我們再來看看其他禪師怎麼評論這根拄杖。

睡龍道溥禪師帶著拄杖上堂，說：「我在禪院住了二十年，得它氣力。」

一名僧人上前問道：「得什麼氣力？」

禪師：「過溪過嶺，東拄西拄；少了它，我該怎麼辦？」

後來招慶禪師聽聞了這件事，說：「換作是我，我不會這麼說。」

僧人問道：「你會怎麼說呢？」

招慶禪師拿起拄杖，起身離開。

破庵禪師對這兩位禪師的見解做了這樣的評價：「睡龍的拄杖還不錯，可惜是龍頭蛇尾！後來招慶的拄杖一樣很可惜：就好像幫一隻已經畫好的老虎添加斑點。僧人問他從拄杖得到什麼氣力時，他為什麼不拿起拄杖，當著眾人的面扔在地上？如此一來才會出現召喚雲霧的真龍、真虎。」

我想問的是，他們為什麼要這麼……小題大作？如果現代禪宗是一套系統，它是怎樣的系統呢？它似乎雜亂無章，禪師彼此之間意見相左！但是從禪的觀點來看，有一股電流貫穿這些困惑，每位禪師都以最明確的方式支持彼此。表面上的矛盾，不會妨礙真正的認可。他們並非在邏輯上相輔相成，而藉由禪宗特有的方式，我們也因此理解了公案的生命與真理。沒有生命的陳述不可能激發這麼多創意。白隱的「一隻手」，趙州的「柏樹」，六祖的「本來面目」[6]，都是充滿生命的公案。一旦領悟要義，原本被邏輯與分析埋葬的宇宙將衝破墳墓而出。

公案是為解惑

公案為習禪者解答疑惑，為了方便讀者認識公案，以下再舉幾個例子。仰山禪師收到溈山禪師送的鏡子，他在眾僧面前拿起鏡子，說：「諸位，溈山禪師送來一面鏡子；這是溈山的鏡子，還是我的鏡子？如果是我的，怎麼會從溈山那兒送來？如果是溈山的，怎麼會拿在我手裡？誰能說出正確答案，我就留下鏡子。沒人答對，我就把鏡子打破。」他說了三次都沒人上前回答，所以他就把鏡子打破。

洞山禪師來向雲門禪師求道，

雲門：「你從何處來？」

洞山：「查渡。」

雲門：「你在哪裡度過夏天？」

洞山：「湖南報慈寺。」

6 這些都是習禪者最早接觸的公案。

雲門：「你何時離開那兒？」

洞山：「八月二十五。」

雲門突然高聲說：「我饒你三十棍，你可以走了。」

夜裡洞山跑去雲門的禪房，請雲門指出他犯了什麼值得打三十棍的錯誤。雲門說：「飯袋子，你就是這樣周遊全國的嗎？」

◈

有天溈山禪師正在午睡，仰山禪師走進禪房。溈山聽見聲響，轉身面向牆壁。

仰山說：「我是你的弟子，無須客套。」

溈山動了動，彷彿即將醒來；仰山打算走出禪房，但溈山叫住他。溈山說：「我做了一個夢，講給你聽聽。」

仰山傾身向前，準備聆聽。

溈山說：「你猜猜看。」

仰山走出禪房，回來時手裡拿著一盆水和一條毛巾。溈山用這盆水洗了臉，還沒坐下，香嚴禪師走了進來。溈山說：「我們製造了一個奇蹟——真是了不起。」

香嚴：「我剛才就在底下，知道你們做了什麼。」

溈山：「若是如此，你說說看。」

香嚴端來一碗茶。

溈山：「你們兩個太聰明了！智慧和奇蹟都超越舍利弗與目犍連！」

◈

石霜禪師圓寂後，眾人想請首座弟子繼承他的衣缽。但長期侍奉石霜禪師的九峰禪師說：「等等，我有個問題，繼承衣缽者應該答得出。先師曾說：『停止一切渴望，就像寒灰枯木一樣；嘴巴緊閉，直到發霉；一條白練去，冷湫湫地去，古廟裡香爐去。』此話何解？」

首座：「這是絕對消亡的狀態。」

九峰：「你完全不明白先師的用意。」

首座：「是嗎？若是如此，就點一支香。如果我不明白先師的意思，就無法在這支香燃盡之前入定。」

結果首座弟子進入無意識狀態，沒有再醒來。九峰拍拍逝去的首座弟子的背，說：「說到恍惚出神，你做了很好的示範。但說到理解先師的用意，你可謂非常失敗。」這個例子明白展現了禪完全不可與陷入虛無混為一談。

領悟公案在精不在多

公案數量的傳統估計是一千七百個左右，用這種方式計算會覺得公案數量龐大。實際上只需要不到十個、甚至不到五個或只需要一個，就足以打開心眼、領悟禪宗的終極真諦。

不過要達到徹底開悟僅能透過最高境界的心靈自我犧牲，並且對禪的終極信念態度堅定。像臨濟宗那樣一個一個累積公案練習，是無法達到徹悟的。公案的練習數量與開悟無關；信念與個人的努力才是必要條件，少了這些，禪只是泡影。認為禪是思辨與抽象的人永遠無法深刻了解禪，唯有借助最高層次的意志力才能探知禪的深刻。

公案成千上百，說不定其實有無限多，因為宇宙裡的東西無限多，不過是多是少都與我們無關。只要能讓人用綜觀全局且心滿意足的洞察力去觀察萬事萬物的真實情況，就無須在意公案。

這是公案制度潛在的危險。我們可能會把公案當成禪修的唯一方法，忘記禪修的真實目的是打開內在生命。落入這種陷阱的人很多，這也不可避免地造成禪宗的腐敗和衰落。

大慧禪師對此感到憂心，於是燒了師父圜悟禪師編纂的百則公案。這一百則公案選自雪竇禪師的禪學著作，他用詩句一一評註了這些公案。大慧禪師是貨真價實的習禪者。他知道禪師評註這些公案的目的；他也很清楚，公案將會成為禪宗自我毀滅的武器，所以才一把火燒了。

幸好這部著作最後沒有真的燒毀，至今仍是最重要的禪學著作之一。它確實是禪宗的標準與權威典籍，時至今日仍是禪學研究釋疑時的參考書。這部著作在日本叫做《碧巖錄》。在外人眼裡，這本書難以理解。首先，書中的文字並未遵循古典形式，而是唐宋時期的白話文，現在只有在禪學典籍裡能見到，因為禪學典籍裡使用了大量白話文。其次，這本書風格獨特，書中的思想和用字遣詞似乎出人意料，期待在這本書裡看到佛教術語或至少看到些許古典文風的讀者會大感吃驚。雖然書寫風格是個阻礙，但《碧巖錄》是充滿禪意的一本書。若想知道習禪者如何用公案練習，這本書很有參考價值。

有幾本處理公案的書沿用《碧巖錄》的風格，例如《從容錄》、《無門關》、《槐安國語》等等。事實上，禪宗的「語錄」和禪師的傳記（數量龐大）都是以禪宗特有的方式處理公案。幾乎每一位著名禪師都留下了語錄，這些語錄成為禪宗典籍的主要內容。佛教的哲學研究裡寫滿詳細又複雜的注解、評註與分析，而禪宗提供簡練的評論、機敏簡短的建議和諷刺的評語，與前者形成強烈對比。禪學典籍的另一個特色是偏愛用詩歌體[7]：公案被當成詩歌欣賞，也被當成詩歌批評。《碧巖錄》和《從容錄》是最顯著的兩個例子。前面提過《碧巖錄》收錄雪竇禪師的評註，而《從容錄》收錄的是宏智禪師的評註。宏智禪師也曾以詩歌體評註其他公案。禪借助詩歌表達而不是借助哲學，這是很自然的發展，因為比起理智，禪更加貼近感受；無怪乎禪學更偏愛詩歌體。

7 譯註：偈或偈頌，佛教文學的詩歌，無韻。

第九章

禪堂與僧侶的生活[1]

1 這個主題在我最近的作品《禪堂生活》（The Training of the Zen Buddhist Monk）有完整的介紹，本書插畫由鎌倉的佐藤禪忠禪師提供。此外亦可參考《禪論文集》第一卷p.299 et seq.

禪堂制度的起源

禪堂是禪師教導僧人的場所。了解禪堂規範，可一窺禪宗的實踐與修行。禪堂是一個獨特的機構，日本大部分的禪宗寺院都有禪堂。禪宗僧侶在禪堂的生活，使我們聯想到印度僧伽（Sangha）的生活。

禪堂制度是中國的百丈禪師創立的，已有千年以上的歷史。他留下一句名言，這是他的生活準則：「一日不作，一日不食。」也就是說：「沒有勞動就不吃東西。[2]」他的弟子覺得他年紀太老不宜務農（他熱愛耕作），勸退他多少次都沒有用，於是乾脆把他的農具都藏起來，他因此拒絕進食。「沒有勞動，就不算活著。」

僧人在禪堂工作是禪修生活的重要元素，尤其是一般人眼中卑賤的工作。這意味著大量的體力勞動，例如掃地、清潔、作飯、收集柴火、耕田、到附近和遠方的村子化緣。沒有任何工作是有損尊嚴的，僧人之間也有濃厚的同儕情誼。他們相信體力勞動是神聖的；無論多麼辛苦或卑賤，他們都不會逃避，盡最大的能力付出；有些人（例如在印度）覺得僧侶或托鉢僧都是遊手好閒之人，但禪堂的僧侶可不是。

禪修也需要勞動

從心理學的角度來說，這是一件好事；因為經常打坐，心靈可能會變得遲鈍，肌肉多多活動對活絡心靈大有益處，心靈遲鈍是禪修的不良副作用。大部分隱士都有這個問題，也就是身與心的行動並不一致，總是各行其是。他們把身和心當成兩回事，忘了這樣的區分完全是觀念上的，也就是人為的。

禪修的目標是消除這種最根本的身心分離，所以會小心避免偏廢一方的修行方式。開悟就是可以做到消除所有的分別心，但這絕不是空無狀態。心靈疲懶是靜心冥想常見的產物，對於邁向開悟一點幫助也沒有。想要在禪修方面有所精進的人，自然要小心謹慎，以免心靈的流動徹底停滯。這是習禪者反對只專注禪定的原因之一。身體忙碌，心靈也會跟著忙碌，進而保持清醒、健康、謹慎。

2 可比較《聖經》〈詩篇〉128:2：「你要吃勞碌得來的；你要享福，事情順利。」

從道德的角度來說，消耗體力的工作可驗證想法是否正確。這一點在禪修上尤其有用。抽象的想法若是不能強烈而有效率地反映在實際生活裡，這些想法會被視為沒有價值。信念必須源自經驗，而不是抽象思想。道德主張無論如何都應該超越智性判斷；也就是說，真理應該建立在生活經驗上。

習禪者堅定表示，他們的行為可不是做白日夢。當然，他們會靜靜坐禪；為了消化勞動時體會到的心得，坐禪是必要的練習。但是他們不贊成只把心得拿來「反芻」，所以打坐時反省的結果會付諸實踐，拿到現實生活中驗證。我深深相信，如果禪宗寺院沒有強調勞動，沒有讓僧侶血液循環，禪宗一定會淪落為讓人昏昏欲睡、容易陷入出神狀態的一套制度，中國與日本的禪師累積下來的珍貴寶藏將被當成一文不值的破爛。

禪堂

禪堂是矩形建物，根據僧侶的人數而有規模大小之分。例如鎌倉圓覺寺的禪堂約莫是寬三十五英尺（約十・六公尺），長六十五英尺（約十九・八公尺），可容納三、四十人。每位僧人可分到的空間是一榻榻米（三乘六英尺，約半坪），他在墊子上打坐、冥想、睡覺。睡覺用的被褥大小不超過寬五英尺（約一．五公尺），長六英尺（約一．八公尺），冬夏皆然。沒有固定的枕頭，只能用私人物品充當枕頭。但可充當枕頭的東西有等於沒有：一件袈裟與僧袍、幾本書、一把剃刀、一套碗，全都收在紙粘土做的箱子裡。外出旅遊時，這個箱子用一條寬帶掛在胸前。僧人的全副家當就這樣隨身攜帶。「一衣一碗，樹下石上」生動描繪了印度的僧人生活。

相形之下，現代禪僧的生活物資充裕。話雖如此，他們的需求仍是減少到最低程度，禪僧的生活很簡樸，甚至可說是最簡樸的生活。佛教認為佔有慾是人類最要不得的渴望之一。世上之所以有這麼多苦難，就是因為世人都有貪慾衝動。渴望權力，所以恃強凌弱；垂涎財富，所以富人和窮人永遠互相仇視。國際戰爭猖獗肆虐，社會動盪愈演愈烈，除非掠奪與占有的衝動能被連根拔除。難道社會不能記取歷史教訓，在不一樣的基礎上重建嗎？難道我們不能希望個人與國家停止為了擴張而累積財富與權力嗎？佛教僧侶對人類行為的毫無理性感到絕望，所以走向另一個極端，甚至徹底斷絕合理且完全無害的生活享受。其實禪宗把僧侶的家當都裝進一個小箱子裡，算是對當前的社會秩序發出無聲的抗議，只是目前為止沒什麼效果。

飲食

印度的比丘過午不食，他們一天只吃一餐；用英美人士的定義來說，他們的「早餐」（breakfast）不算早餐。禪僧原本不該吃晚餐，但出於氣候因素不可能不吃，所以為了心安，晚上這一餐叫做「藥石」。每天清晨天亮之前吃早餐，內容是米粥和醃菜。上午十點左右吃正餐，內容是米飯（或是米飯摻大麥）、蔬菜湯和醃菜。下午四點吃晚餐的剩菜，不需要另外開伙。除非有慷慨的施主邀請他們外出用餐或是給他們額外加菜，否則他們的日常飲食大致就是這樣，年復一年。貧窮與簡樸是他們的生活準則。

然而，我們不能因此斷定苦行是禪僧的理想生活；就禪宗的終極意義而言，禪既不是禁慾主義，也不屬於任何倫理體系。如果禪宗看似提倡壓抑或疏離，那也只是表面上，因為做為佛教的一個宗派，禪宗或多或少也承繼了印度教素有惡名的苦行戒律。不過禪僧的中心思想是不浪費，擁有的東西要物盡其用，這也是放諸四海皆準的佛教精神。事實上，理智、想像力和其他心智能力，以及我們周圍的有形物體，包括我們的身體，都是為了開展與增強最高層次的力量才賦予給我們的，它們不僅僅是用來滿足個人的衝動和渴望，因為這些衝動和渴望肯定會與別人主張的權利相衝突，或是損害他們的權利。這些是隱藏在僧侶簡樸和貧窮生活背後的一些內在思想。

用餐儀式

到了吃飯時間會敲鑼（雲板），僧人魚貫走出禪堂，拿著自己的碗和餐具走進齋堂，不過要等到堂司敲飯梆之後才能就座。碗的材質有木頭也有紙，都塗了亮漆。碗的數量通常是四到五個，可套疊在一起。唸頌《心經》和「五觀想」後，負責布餐的行堂僧會為大家盛湯盛飯。接下來準備舉筷，但是在享用豐盛的晚餐之前，他們默想那些逝去的靈魂以及諸界眾生，然後每人從自己的碗裡挑出七粒米飯，獻給無形的存在。用餐時保持安靜；使用餐具時不發出聲音，不說話，不交談，以雙手交握或摩擦等手勢來表達己意。進食是一件認真嚴肅的事。若需要添飯，合掌向前伸出，行堂僧看到後會帶著飯鍋走過來，坐在需要添飯的僧人面前。僧人拿起碗，用手輕輕擦去飯碗底下的髒汙，以免弄髒行堂僧的手。添飯時，僧人維持雙手合十；飯或湯添的量夠多時，摩擦手掌請行堂僧停止。

每個僧人都必須吃完碗裡的食物，「把零碎的收拾起來，免得有糟蹋的」[3]，因為這是他們的宗教儀式。添飯三、四輪之後，用餐時間即將結束。堂司敲飯梆，行堂僧端來熱水，僧人拿出最大的那個碗裝熱水，用熱水清洗其他幾個碗，再用隨身攜帶的小手巾擦乾。然後，一個木桶在僧人之間傳遞倒髒水；大家收拾自己的餐具，重新包起來；桌面恢復清空，只剩下開動前獻給無形存在的飯粒。飯梆再次敲響，和進來時一樣，僧人安靜有序離開齋堂。

日常勞動

禪僧以勤勞聞名。不在禪堂研修的日子，通常剛吃完早餐就會在禪寺的庭院勞動或在禪堂旁邊的田地耕作，夏天約五點半，冬天約六點半。接下來，他們會分批去鄰近村莊討米。他們將禪寺內外維持得井井有條。我們會用「這裡像禪寺一樣」來形容一個地方非常整潔。禪堂旁邊的住戶通常也是禪寺的施主，僧人經常過去乞討米飯蔬菜。乞討化緣時，僧人往往會步行好幾里路，鄉間小路上常常能看到僧人拉著裝滿南瓜、馬鈴薯或菜頭的拖車。他們偶爾會去森林裡收集柴火，也具備農業知識。因為他們必須自給自足，所以既是農夫、工匠，也是普通工人；他們經常在專家的指導下，自己動手蓋禪堂。他們工作起來一點也不含糊，跟正常的工人一樣努力，說不定更努力，因為勞動是他們的宗教儀式。

各司其職

僧侶是自治團體，有自己的廚師、堂司、經理、雜役、司儀等等。禪堂的靈魂人物是住持，但他不直接參與禪堂的管理，而是把管理交給禪堂的資深成員，他們的品格都經過長年修行的考驗。世人在討論禪宗原理時，或許會對禪宗深刻

3 譯註：約翰福音6:12

且微妙的「形而上」思想感到驚嘆，並想像禪僧是一群嚴肅蒼白、垂首靜默、忘卻俗世的人；其實在現實生活中，他們只是做著卑微工作的凡人。他們性格開朗，愛開玩笑，樂於互相幫助，做著文明人眼中低等、不入流的工作卻甘之如飴。百丈禪師的精神在禪堂獲得實踐。僧侶的能力因此得以完整發展。

禪堂不提供正式教育和語文教育，這些都是從書本與抽象的指導中獲得。但他們學到了實用且有效率的東西，因為禪堂生活的基本原則是「從做中學」。他們鄙視柔性教育，認為它堪比為病人準備的軟爛食品。傳聞母獅生下小獅子三天後會把寶寶推下懸崖，看看牠們能否自己爬上來。沒有通過考驗的小獅子會被母親厭棄。無論傳聞是真是假，禪師的作法也是這樣，他經常用看似殘酷的方式對待弟子。

僧人常常缺少舒適的衣物，沒有足夠止飢的食物，也沒有充足的睡眠。更慘的是，他們有大量的工作要做，包括體力勞動與精神上的修行。這些外在需求和內在渴望一起塑造僧人的品格，應可打造出「成熟的禪師」這樣的優良人類。這套獨特的教育系統至今仍在每一間臨濟宗禪堂裡實施，雖然知道的人不多，但現在有愈來愈多人對於深入了解禪寺裡的生活感興趣。

現代商業主義與機械化的冷硬風氣正在席捲東方，幾乎找不到可以安靜修行的角落，說不定連禪寺這樣的孤島也快要被汙穢的物質主義浪潮淹沒。甚至僧侶也漸漸開始誤解古代禪師的精神。我們不能否認禪堂的教育仍有改善空間，但禪宗若是想要長久流傳，就必須保存他們對生命與工作的高度虔誠。

禪堂規範約束身心

理論上，禪宗包羅整個宇宙，不受二元對立的束縛。但是禪修也有危險，必須如履薄冰；一旦失足滑倒，後果不堪設想。如同某些中世紀的神祕主義者，有些習禪者也會變得放蕩不羈，失去自控力。從古至今這樣的例子屢見不鮮，而心理學可用來解釋這種墮落的行為。有位禪師說：「讓他的理想直衝上天，比大日如來的頭頂還高；但讓他的生命充滿謙卑，宛如拜倒在嬰兒腳下。」禪寺的生活規範嚴格，方方面面都要謹守上述的精神。正因如此，習禪者不會像中世紀神祕主義者那樣墮落，這也是為什麼禪堂對禪修來說如此重要。

唐朝的丹霞禪師曾路過京城的慧林寺，當時天寒地凍。為了取暖，他拿了慧林寺裡的一尊佛像當柴火來燒。院主見了勃然大怒，喝斥道：「你居然敢拿佛像來燒？」

丹霞禪師撥弄灰燼，彷彿在找東西，他說：「我燒佛像是為了找舍利子[4]。」

院主：「木佛怎麼會有舍利子？」

丹霞：「既然沒有舍利子，不如讓我再燒兩尊？」

看到丹霞禪師對神如此不敬，院主眉頭緊皺。但佛陀的怒火並未降臨在丹霞禪師身上。

雖然我對這個故事的歷史真實性存疑，但這故事很有名，而且禪師都同意褻瀆佛像的丹霞是位得道高僧。有位僧人問禪師對丹霞燒佛像有何見解，禪師說：

「天冷時，我們圍著爐火取暖。」

「天熱時，我們去竹林溪畔納涼。」

「他有錯嗎？」

從純粹的禪宗觀點看來，不管丹霞的行為有多正當，無疑都是對佛陀非常不敬的，虔誠的佛教徒都應當避免。尚未完全悟道的人，或許會以禪的名義恣意妄為，甚至犯罪；因此，禪堂的規定非常嚴格，目的是放下心中的驕傲，舉起名為謙卑的酒一飲而盡。

明朝的袾宏禪師寫了一本書討論僧人的十種善行，有位自命清高的僧人對他說：

「禪連一粒塵是否值得稱讚都無法確定，寫這種書有什麼用？」

袾宏禪師說：「五蘊紛紜，四大叢遝，何謂無塵？」

但僧人仍未放棄，他說：「四大本空，五蘊非有。」

袾宏禪師給他一巴掌，然後說：「說那麼多卻只是人云亦云，並非真正悟道，再答一次！」

但僧人沒有回答，怒氣沖沖想要抬腳離開。

袾宏禪師笑著說：「是了，你現在滿臉是塵，怎麼不擦一擦？」

習禪時，頓悟的力量必須與深切的謙遜溫順相輔相成才行。

4 舍利（sarira）直譯的意思是「身體」，但是在佛教裡意指人體火化後留在骨灰裡的礦物結晶。佛教徒認為舍利的價值與生前的聖潔程度有關。

接心

禪堂生活有一段時期是專門用來修行的，除了絕對必要的勞務之外，僧人不需要分心勞動。這段時期叫做「接心」。每年數次，每次七日，在夏季舉辦的叫做「雨安居」，在冬季舉辦的叫做「雪安居」。雨安居是在四月到八月舉辦，雪安居則是十月到二月。

接心的意思是「集中心神」。接心期間，僧人只能在禪堂活動，要比平常早起，並且打坐至深夜。每天都有「講課」（講座或提唱）。任何禪宗典籍都能用來講課，例如《碧巖錄》、《臨濟錄》、《無門關》、《虛堂和尚語錄》、《槐安國語》等等。《臨濟錄》收錄了臨濟宗祖師的開示和語錄；前面提過的《碧巖錄》評註和解說了一百則公案；《無門關》也是公案選集，收錄四十八則公案，同樣也有評註，而且比《碧巖錄》簡單許多；《虛堂和尚語錄》收錄宋朝虛堂和尚的語錄、開示、詩歌和其他作品。虛堂和尚是大應國師的老師，他這一派的禪宗至今在日本依然興盛；《槐安國語》由白隱禪師編纂，收錄大燈國師的開示以及古代禪師的評註偈語。

對一般讀者來說，這幾本書晦澀難懂、有如天書。對僧人來說也一樣，除非已經領悟禪宗真諦，否則就算聽過許多講課也是看不懂的。這些書之所以這麼難不一定是因為內容很深奧，而是因為聽眾的心仍包裹在分別心意識的硬殼內。

接心期間除了講課之外，僧人還要「參禪」。參禪是把自己對公案的見解告訴師父，接受師父的嚴格檢驗。除非是「大接心」期間，否則參禪約莫是一日兩次，在「攝心」（也就是接心的意思）的特殊時期，僧人一天必須面見師父參禪四到五次。這是非公開活動；僧人必須單獨進入師父的禪房，以最正式、最莊嚴的態度面見師父。跨入門檻前必須頂禮三次，每次都要在地上跪拜；進入禪房後，雙掌合十於胸前，走到師父面前再次跪拜。行禮結束後，放下所有世俗念想；禪宗認為如有必要，互相掌摑亦無不可。心中僅存一念：真誠展現禪宗真諦，其餘都是次要。面見師父結束，離開時同樣頂禮三次。對師父來說，這項活動非常勞累，如果有三十個僧人找他參禪，他必須高度專注一個半小時。

弟子對師父的禪學見解抱持絕對的信心，但若是他有充分理由對師父的能力產生懷疑，可以在參禪時直接與師父辯論出結果。因此面見師父對禪師與弟子來說，都不是無意義的活動。這是一件非常嚴肅的事，正因如此，禪修具有很高的道德價值。在日本中興臨濟宗的白隱禪師的親身經歷，能幫助我們了解參禪。

一個夏夜，年邁的師父正在玄關乘涼，白隱走到師父面前陳述自己的觀點，師父怒斥：「胡說！」白隱也大聲回嘴：「胡說！」於是師父一把捉住他，揪住他的耳朵，把他用力推出去。當時外面正在下雨，可憐的白隱昏倒在泥濘的地上。他醒來之後走回玄關，向老師鞠躬，老師說：「你這個住在黑暗洞穴裡的傢伙！」

又有一次，白隱覺得師父沒有真正明白他的禪學見解有多深刻，無論如何都想跟師父討論清楚。輪到他的時候，他走進師父的禪房，用盡聰明才智與師父較量了一番，這一次他決定寸步不讓。師父大怒，抓住白隱摑了他幾巴掌，把他從玄關推下去。他摔下數尺，倒在一面石牆腳下，幾乎不醒人事。師父低頭看著他，哈哈大笑。白隱聽到笑聲，慢慢醒過來。他走到師父面前，滿身大汗。但師父還沒打算放過他，又用同一句話罵他：「你這個住在黑暗洞穴裡的傢伙！」

白隱愈來愈絕望，心想乾脆離開這個老師父算了。一天他在村子裡乞討碰到一件事，驟然領悟了之前完全不明白的道理，他欣喜不已，帶著無比興奮的心情回去找師父。他還沒走進大門，師父就已經察覺到他的變化，招手要他過來，說：「你今天碰到什麼好事嗎？趕緊進來，快！」白隱把這天的遭遇告訴師父。師父輕輕拍他的背，說：「你開悟了，你終於開悟了！」在那之後，師父再也沒有罵過他。

現代日本禪宗之父經歷了這樣的鍛鍊。他的師父正受老人把他推到石牆腳下，多麼殘酷！但是當弟子從百般刁難中破繭而出時，這位師父又是多麼慈祥！半吊子的禪修確實是行不通的；不上不下，這不是禪。你必須鑽到真理的深處才行，唯有剝除華而不實的所有表象才有可能悟道，包括智性和其他方面的表象，回歸到最赤裸的本來面目。正受老人用一個一個巴掌打掉白隱的妄念和虛偽。我們都生活在層層的妄念和虛偽裡，這些東西都與我們內在的自性無關。理解內在自性才能真正悟道，為了幫助弟子理解內在自性，禪師常常使用看似殘酷的手段，或至少可以算是非常不溫柔的手段。

長養聖胎

禪堂不像學校一樣有固定的畢業年限。有些人住進禪堂生活二十年也畢不了業，但是資質一般的僧人只要努力不懈、孜孜不倦，應可在十年內完整探索禪學。然而，要在生活裡的每一刻實踐禪宗準則——沉浸在禪的精神裡——那又是另一回事了。說不定一輩子也不夠用；據說就連釋迦摩尼和彌勒菩薩都還在自我修練的路上。

要成為完全夠格的禪師，光是徹悟還不夠。他必須經歷一段所謂的「長養聖胎」時期。這個詞最初肯定來自道教，但今日的禪宗賦予它的涵義較寬廣：徹悟後與道和諧共處。接受厲害的禪師指導，僧人或許能徹底領悟禪宗奧義，不過這種領悟或多或少屬於智性上的，雖然是最高層次的領悟。僧人的生活，由裡到外，都必須符合這份領悟。想要做到這一點，就必須進一步自我修練。因為他在禪堂裡學到的是為他指明方向的手指，他還得往這個方向付出最大的努力。留在禪堂對他來說已不是非做不可的事；相反地，他的智性領悟必須藉由實際接觸俗世來驗證。

「長養聖胎」沒有固定的規則。每個人在生活中碰到偶發事件時，都必須依照自己的判斷去回應。他可以退隱深山、離群索居，也可以在市井裡生活，積極參與凡塵俗務。據說六祖辭別五祖之後，曾與一群山民一起生活十五年。他下山聽印宗法師講經時，仍是籍籍無名。慧忠國師在南陽住了四十年，從來不曾進城。但他的道譽遠近皆知，在帝王的強烈要求下，他才終於下山。溈山禪師在山裡住了幾年，以山果為食，與猴子野鹿為友。山民發現他之後，在他的住處周圍興建寺院，他成了一千五百名僧人的師父。關山禪師創立了京都妙心寺，他原本隱居美濃，給村民當臨時工。沒有人知道他是誰，直到有天他的身分意外曝光，朝廷堅持要為他在首都興建一座禪寺。

白隱禪師早年當過駿河一座破廟的住持，後來這座廟是他留給世人的重要遺產。看了以下這段描述，不難想像這座廟到底有多破舊：「可以說沒有屋頂，夜裡抬頭就看見星光，也沒有像樣的地板。下雨時如果要去正殿處理事情，必須戴著帽子、穿上高跟木屐。這座廟所有的產權都在債主手裡，法器也已抵押給商販……」

偉大的禪師入世之前曾先隱居一段時間，這樣的例子在禪宗歷史上並不少見。隱居的重點不是實踐苦行主義，而是「長養」道德品格，這是他們的功課。門口有很多毒蛇蠢蠢欲動，要是不能一腳踩死牠們，牠們就會再次抬起頭來，我們心中構築的道德文化高樓說不定一天之內就會崩塌。反律法主義（antinomianism）對習禪者來說也是個陷阱，必須時時警惕。

陰德

當然從某些方面來說，禪堂的僧侶教育已經落伍了；但是主要的指導原則不受空間與時間限制，例如生活簡樸、節制慾望、不要虛度光陰、自給自足以及所謂的「陰德」。尤其是「陰德」的概念，這是禪修的一大特徵。陰德指的是不要浪費自然資源，在經濟和道德上都要物盡其用，用最珍惜和崇敬的心態對待自己與世界。尤其重要的是默默行善，不期待因行善獲得稱讚。一個孩子溺水，我跳進水裡救了他。碰到這種情況就該這麼做，如此而已。做完該做的事，然後離開，不回頭也不再想。一朵雲飄過，天空依然那麼藍、那麼遼闊。禪宗稱之為「無功用行」（anabhogacarya），並且用「擔雪填井」來比喻。

耶穌說：「你施捨的時候，不要叫左手知道右手所做的，要叫你施捨的事行在暗中。」這就是佛教的「陰德」。但是耶穌又說：「你父在暗中察看，必然報答你。」在這裡我們看見佛教與基督宗教之間的深刻差異。心中只要想到任何人

（無論是神是鬼）會知道我們的作為並且報答我們，禪宗便會說：「你還不是我們的同類。」奠基於這種想法的行為會留下「痕跡」與「影子」。要是真有鬼神追蹤你的行為，他們會立刻抓住你，要你為自己的行為負責。禪宗不會這樣。如同天衣無縫，完完整整，看不出從哪裡下針，也看不出它是如何織成的。禪宗認為，行善後不應留下自負和自誇的痕跡，更不該想要得到回報，連神的回報也一樣。

中國哲學家列子曾經生動描述這種心態：

「我讓心自由思考、無拘無束，讓嘴巴暢所欲言；我遺忘我的是非厲害，也遺忘他人的是非厲害；我不知老商氏是不是我的老師，也不知伯高子是不是我的朋友。內內外外，我徹底改變；而後眼如耳，耳如鼻，鼻如口，無不同也。心神凝聚，表象隨之瓦解，骨肉隨之融化；感受不到身體靠什麼支撐，雙腳踏在哪裡。我只是隨風移動，忽東忽西，像一片與樹莖分離的落葉；不知道是我乘著風，還是風乘著我。」

德國的神祕主義者把這種品德叫做「神貧」，陶勒（Tauler）將其定義為：「當你不記得誰曾經虧欠你任何東西，就是絕對的貧窮；正如走到死亡之旅的盡頭時，你將遺忘一切。」

基督宗教似乎太過注重上帝，儘管我們說我們的生活行動、我們的存在都在上帝裡。如果做得到的話，禪宗希望這最後一絲上帝意識的痕跡也要抹去。這就是為什麼禪師建議我們不要流連於有佛處，無佛處則是急急走過。禪堂裡的所有訓練，包括理論與實踐，都是以「無功用行」為基礎原則。用偈語來表達這種想法：

竹影掃階塵不動，月穿潭底水無痕。

總而言之，禪宗注重的是個人經驗；如果極致的經驗主義真的存在，那必然是禪宗。再多的閱讀，再多的指導，再多的沉思，都無法使一個人成為禪師。我們唯有在生命的流動裡才能領悟生命；為了檢視和分析生命而中止生命的流動，就是殺死生命後緊抱著它冰冷的屍體。因此，禪堂的生活點滴與禪修的每個細節，都是為了用最有效率的方式強調這個觀念。在遠東地區的佛教發展過程中，禪宗在日本與中國的佛教界一直享有獨特地位，禪堂制度顯然功不可沒。